Piri 4

Arbeitsheft in Schulausgangsschrift

Autorinnen:
Susanne Löffler
Stefanie Nägerl
Silke Richter
Nicole Stettner

Beratung:
Beate Eckert-Kalthoff
Yvonne Zimmermann

Ernst Klett Verlag GmbH
Stuttgart • Leipzig • Dortmund

Inhalt

Miteinander und füreinander

Sterne und Planeten

Medien und Informationen

Natur und Umwelt

Geschichte und Geschichten

Sprechen und zuhören | Lesen – mit Texten und weiteren Medien umgehen | Schreiben | Sprachgebrauch und Sprache untersuchen und reflektieren

Reisen und entdecken

Das Jahr erleben und gestalten

Sprechen und zuhören
Lesen – mit Texten und weiteren Medien umgehen
Schreiben
Sprachgebrauch und Sprache untersuchen und reflektieren

Satzarten Aa?

Es gibt verschiedene **Satzarten**:
- **Aussagesatz**: Am Ende steht ein Punkt.
- **Fragesatz**: Am Ende steht ein Fragezeichen.
- **Aufforderungssatz**: Am Ende steht in der Regel ein Ausrufezeichen.
- **Ausruf**: Am Ende steht ein Ausrufezeichen.

1 Setze die fehlenden Satzzeichen ein.

Das Sportfest

Morgen findet das Sportfest in der Schule statt
Tom fragt: „Wie wird denn das Wetter “
Die Lehrerin erklärt: „Die Wettervorhersage kündigt Sonne mit Regenschauern an Bringt deshalb bitte auch Regenkleidung mit “
Die Kinder rufen: „Na toll “ Frau Klein fährt unbeirrt fort: „Es ist besser, wenn wir auf alles vorbereitet sind Habt ihr noch Fragen “

2 Markiere die Aussage-, Frage-, Aufforderungssätze und Ausrufe im Text unterschiedlich.

3 Setze passende Satzzeichen in die Sprechblasen ein.

4 Schreibe in wörtlicher Rede auf, was die Kinder sagen. Verwende unterschiedliche Verben für **sagen**.

→ SB S. 12

Satzglieder: Umstellprobe und Erweiterungsprobe

Ausflug zum See

○ **1** Kreise die Satzglieder ein.

Die Sonne scheint schon seit Tagen.
Darum gehen Lotta und Maro zum See.
Sie füttern die Enten mit Brot.
Die Enten schnattern vor Aufregung.

Umstellprobe:
Ein Satz setzt sich aus **Satzgliedern** zusammen. Ein Satzglied besteht aus **einem Wort** oder **mehreren Wörtern**. Die Satzglieder findest du durch **Umstellen** der Wörter heraus (**Umstellprobe**).
Die Wörter eines Satzgliedes bleiben beim Umstellen immer zusammen.

◒ **2** Stelle jeden Satz aus Aufgabe 1 einmal um. Schreibe die umgestellten Sätze auf.

____

____

____

____

Erweiterungsprobe:
Du kannst in einem Satz genauere Informationen geben, wenn du ihn mit zusätzlichen Satzgliedern erweiterst. Wörter, die du nur gemeinsam zu einem Satz hinzufügen kannst, bilden zusammen ein Satzglied.

● **3** Erweitere die Sätze mit passenden Satzgliedern. Schreibe sie auf.

● **4** Welche Wortgruppen bilden bereits einen vollständigen Satz? Setze Punkte.

Jan erledigt Tim liest Lotta bringt
Yassir arbeitet Maro schläft Kyra erledigt

● **5** Erweitere die anderen Wortgruppen zu vollständigen Sätzen. Schreibe sie auf.

____

____

→ SB S. 14

Satzglieder: Weglassprobe und Ersatzprobe

Weglassprobe:
Wörter, die du nur gemeinsam weglassen kannst, bilden ein Satzglied.
Durch das Weglassen einzelner Satzglieder kannst du Sätze kürzen. So findest du heraus, welche Satzglieder notwendig sind, damit der Satz sinnvoll bleibt.

Ein Picknick im Grünen

1 Finde den jeweils kürzesten Satz. Streiche alle Satzglieder durch, die du weglassen kannst.

Die Eltern holen den Picknickkorb aus dem Auto.

Lotta und Maro suchen inzwischen einen schönen Platz im Schatten für das Picknick.

Als Erstes rennen sie zu der Baumgruppe neben dem Spielplatz.

Es ist ihnen dort zu laut.

Die beiden suchen den perfekten Picknickplatz nun am Seeufer.

Ersatzprobe:
Ein Satzglied kannst du durch ein anderes Satzglied der gleichen Art ersetzen.
So vermeidest du Wiederholungen:
Heute spielen die Kinder Verstecken. Die Kinder lachen. Die Kinder haben Spaß.
Heute spielen die Kinder Verstecken. Sie lachen. Alle haben Spaß.

2 Ersetze die markierten Satzglieder. Schreibe die Sätze auf.

Die Suche nach einem Picknickplatz führt die Kinder zu einem Waldstück.
An einer Lichtung finden die Kinder ein schönes Plätzchen.
Hinter einer Holzhütte entdeckt Maro einen Tretbootverleih.
Begeistert läuft Maro zu seinen Eltern.
Ob seine Eltern es wohl erlauben?

→ SB S. 15

Prädikat und Subjekt
Lieblingssport

Jan und Anna berichten über ihre Sportarten.

Wir trainieren wöchentlich im Hallenbad.
Beim Kopfball springe ich steil in die Höhe.
Jeder Spieler der Mannschaft gibt sein Bestes.
Für den Startsprung sammle ich meine ganze Kraft.
Ausdauernd und gleichmäßig ziehe ich meine Bahnen.
Das Training auf dem Platz halten wir bei jedem Wetter ab.

1 Wer sagt was? Unterstreiche mit unterschiedlichen Farben.

2 Erfrage die Prädikate. Schreibe jeweils Frage und Antwort auf.

Was tun wir?

3 Erfrage die Subjekte. Schreibe jeweils Frage und Antwort auf.

Wer oder was trainiert?

4 Schreibe Sätze über dein Hobby. Kreise jeweils Prädikat und Subjekt ein.

→ SB S. 16/17

Arbeit mit dem Satzstern (1)

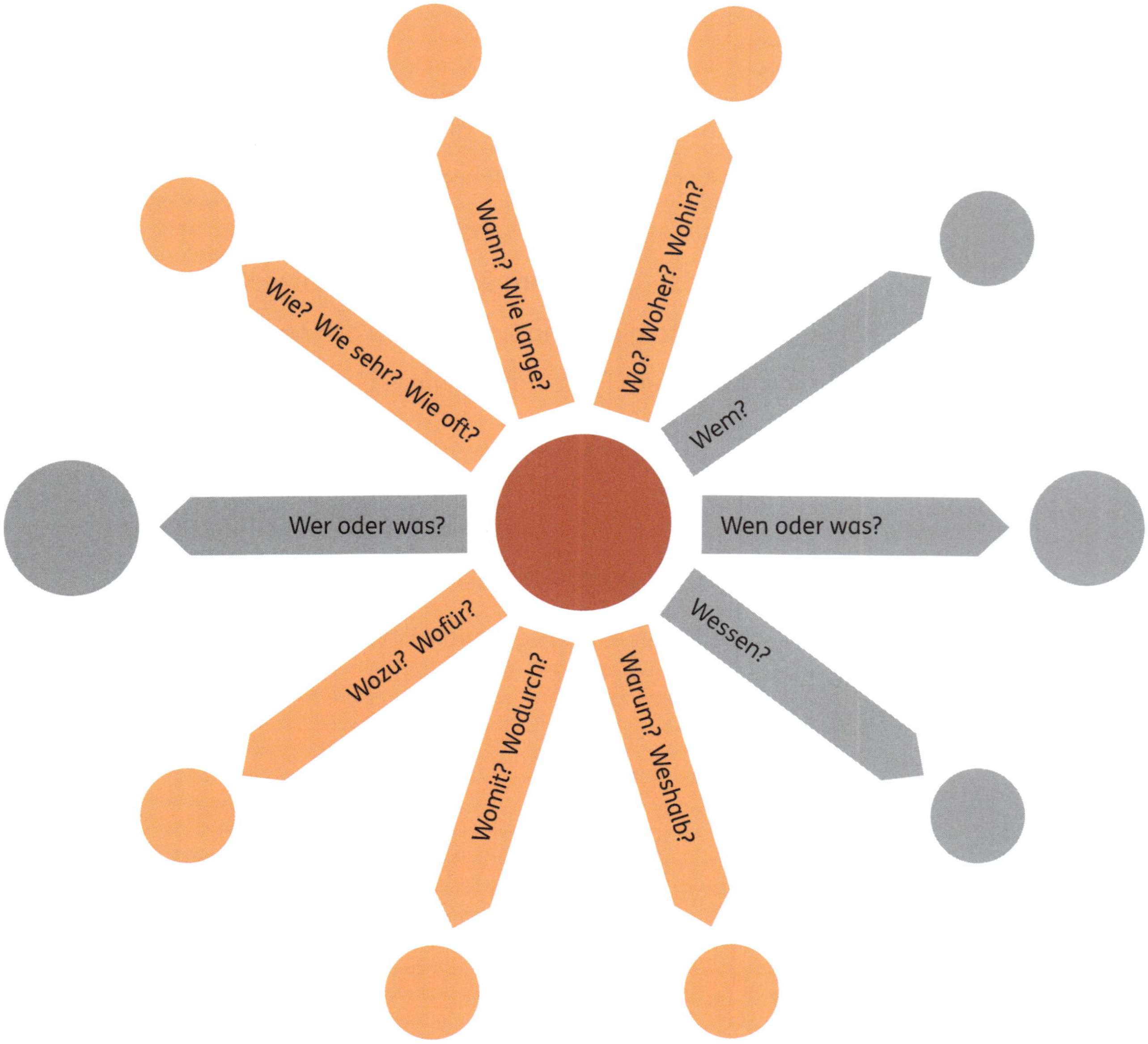

○ **1** Kreise die Satzglieder ein. Stelle die Sätze um.

Die Klasse 4a plant im Oktober eine Kunstausstellung.

Eine Gruppe erstellt in der Leseecke Informationstafeln.

Während dieser Zeit sammeln andere Kinder im Internet Informationen für den Ablauf.

Die einzelnen Kunstwerke verkauft die Klasse dem Höchstbietenden.

→ SB S. 18/19

Arbeit mit dem Satzstern (2)

2 Schreibe den ersten Satz von Aufgabe 1 auf einen Papierstreifen.
Zerschneide diesen in die einzelnen Satzglieder.
Lege die Satzglieder neben die passenden Fragen des Satzsterns von Seite 8.

3 Setze den Satz anders zusammen. Notiere.

4 Gehe bei den drei weiteren Sätzen von Aufgabe 1 genauso vor.
Schreibe die umgestellten Sätze auf.

Die Wörter eines Satzgliedes bleiben beim Umstellen immer zusammen.

5 Überlege dir einen eigenen Satz. Schreibe ihn auf einen Papierstreifen.

6 Ordne die Satzglieder deines Satzes den passenden Fragen des Satzsterns zu.

7 Baue mithilfe des Satzsterns einen Satz auf.
Beginne mit der Frage „Was tut?“ oder „Was geschieht?“.
Schreibe ihn auf.

→ SB S. 18/19

Rechtschreibstrategien

Ein Projekt braucht alle

1 Ergänze die Lückenwörter.
Denke dabei an die Rechtschreibstrategien.
Kontrolliere mit dem Wörterbuch.

Bei den _____bereitungen zur Kunstauktion hilft jedes Kin_____ mit.

Eine Gru_____e ist für das E_____en und die Getr_____nke _____erantwortli_____.

Fünf Schüler schmücken die G_____nge und Klassenzi_______er.

Jedes Bil_____ soll optimal zur Geltung ko_______en.

Alle tr_____men von einem großen Erfol_____ der _____steigerung.

Bei schwierigen Wörtern helfen dir die Rechtschreibstrategien:

2 Schreibe alle Lückenwörter untereinander auf.
Markiere die schwierigen Stellen in den Wörtern farbig.

3 Notiere neben jedem Wort, welche Strategie dir hilft, es richtig zu schreiben.

→ SB S. 20

Nachschlagen

Laura schreibt einen Text zu einem Bild der Kunstausstellung. Darum braucht sie folgende Wörter, deren Schreibweise sie nicht sicher weiß. Sie probiert:

Blöke – Blöcke – Blögge
saa – sa – sah
Varbwahl – Farbwahl – Farpwahl – Farpwal – Farbwal – Varbwaal
Kefig – Käfik – Käfig – Kefik

1 Welche Schreibung ist richtig? Überprüfe mit dem Wörterbuch.
Kreise die richtigen Wörter ein.

2 Schlage folgende Wörter im Wörterbuch nach. Notiere Vorgänger und Nachfolger.

Vorgänger				
Wort	Organisation	freundlich	Käufer	vergaß
Nachfolger				

3 Schlage die markierten Wörter im Wörterbuch nach. Notiere sie richtig.

Die Klasse 4c macht bei einem Kunstprojeckt mit. Jeder Schüler stelt ein Werg zur Verfügung. Bei der großen Abschlußauktion werden alle Bilder und Skulpturen versteigert. Den Erlös erhelt eine Umweltorganisation.

4 Schlage die zusammengesetzten Nomen (Substantive) nach. Schreibe sie richtig auf.

→ SB S. 21

Lernen planen

1 Verschaffe dir einen Überblick über deine Aufgaben. Notiere.

Fach	Welche Aufgaben sind zu erledigen?	Bis wann?

2 Trage in den Lernplan ein, wann und wie lange du welche Arbeiten erledigen willst. Verwende Abkürzungen.

Uhrzeit	Wochentage				
von ... bis	Montag	Dienstag	Mittwoch	Donnerstag	Freitag

3 Arbeite diese Woche nach deinem Lernplan. Hake ab, was du geschafft hast. Verschiebe, was du nicht geschafft hast.

4 Hast du deine Ziele erreicht? Was kannst du verbessern? Schreibe es auf.

5 Erstelle einen eigenen Lernplan für die nächste Woche. Arbeite damit.

→ SB S. 23

Ein Erlebnis interessant aufschreiben

So schreibst du ein Erlebnis interessant auf:
- Nutze deinen roten Faden.
- Bleibe bei einer Erzählzeit.
- Denke an unterschiedliche Satzanfänge.
- Verwende treffende Wörter.
- Beschreibe, was die Figuren hören, sehen, denken und fühlen.
- Verwende wörtliche Reden.

● **1** Erstelle einen roten Faden mit Stichpunkten zur Comic-Geschichte.

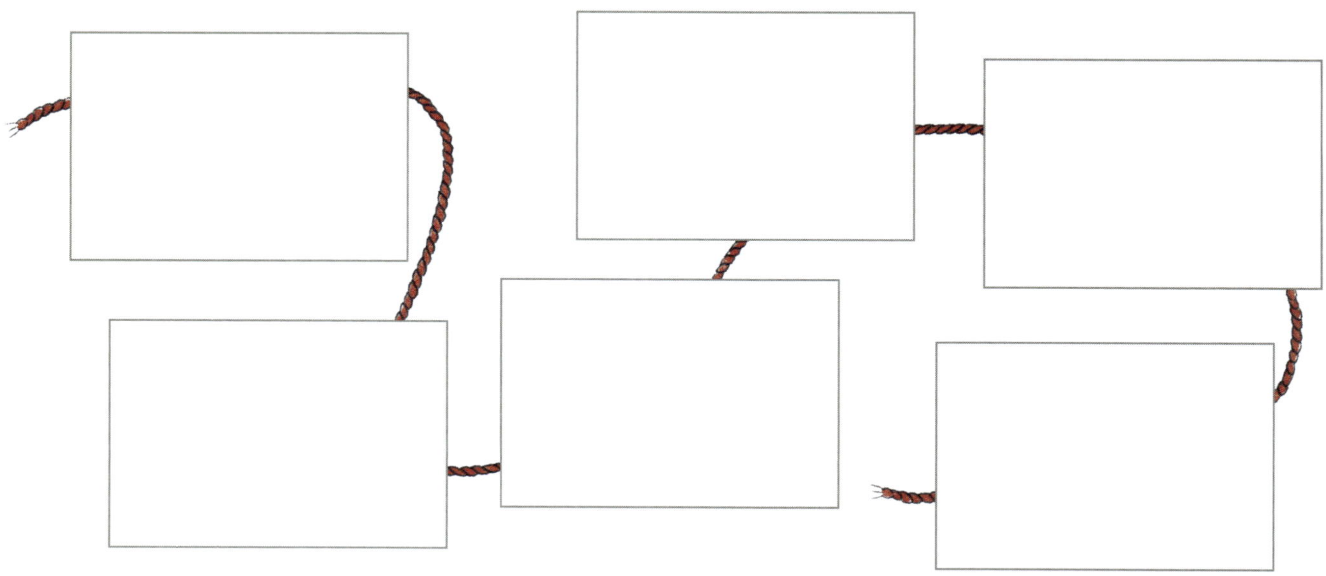

● **2** Schreibe das Erlebnis interessant auf. Verwende die Tipps im blauen Kasten.

→ SB S. 25

Lernwörter-Check

1

lieben – liebt – liebten   dies – diesem – diesen   hier   lesen – liest – lasen
scheinen – scheint – schienen   schlafen – schläft – schliefen
schreiben – schreibt – schrieben – geschrieben   zielen – zielt – zielten

2

oben   ab   der Fisch – die Fische   gegen   gleich   mich – mir
die Nase – die Nasen   nicht – nichts   ob   die Tür – die Türen
springen – springt – sprangen   rufen – ruft – riefen

○ **1** Lass dir die Lernwörter der Wörterkisten 1 und 2 diktieren.

◒ **2** Kontrolliere. Verbessere Fehler.

○ **3** Welche Lernwörter waren schwierig für dich?
Markiere sie in den Wörterkisten.

● **4** Bereite dich mithilfe des roten Fadens auf ein Lerngespräch vor.
Überlege und kreuze an:

Wie sicher konntest du deine Lernwörter schreiben?
Schätze dich ein.

Welche Strategien helfen dir, die schwierigen Wörter richtig zu schreiben? Begründe.

Wie möchtest du weiterüben? Erkläre.

● **5** Führt ein Lerngespräch.
Verwendet den roten Faden und tauscht euch aus.

◒ **6** Ergänze deine Wörterkartei.
Nimm Wörter auf, die du in diesem Kapitel falsch geschrieben hast oder die dir besonders wichtig sind. Übe sie.

S. 2–9

Bist du fit?

1 Markiere in der wörtlichen Rede den Fragesatz gelb, den Aussagesatz grün, den Ausruf blau und den Aufforderungssatz rot.

Martin wendet sich an seine Lehrerin Frau Müller:
„Hilfe, ich weiß nicht mehr weiter! Ich habe auf Fahrten immer Heimweh.
Wie soll ich das auf der Klassenfahrt bloß schaffen? Bitte helfen Sie mir!“

2 Kreise die Satzglieder ein.

Bei der Klassenratssitzung am Freitag besprechen die Kinder
im Sitzkreis ausführlich alle Probleme.

3 Stelle den Satz aus Aufgabe 2 zweimal um. Schreibe die Sätze auf.

____

____

____

____

____

4 Unterstreiche in den nachfolgenden Sätzen das Prädikat und das Subjekt mit unterschiedlichen Farben.

Im Morgenkreis erzählt Ben
vom Wochenende. Seine Familie
besuchte den Münchner Tierpark.
Dort gefielen ihm die Eisbären am besten.
Ganz wild und ausgelassen
spielten die kleinen Bärenkinder.

5 Schlage die markierten Wörter im Wörterbuch nach und schreibe sie richtig auf.

Gestern kahm ein interesanter Fernsefilm.

____

____

Zeitformen des Verbs

1 Unterstreiche alle Verben im Text mit Bleistift.

Sternschnuppen

Yassir war am Wochenende bei seiner Tante. Dort schlief er in einem Zimmer mit Dachfenster. Heute berichtet er Maro davon: „Eigentlich ist mir nur langweilig gewesen. Da habe ich die Sterne am Himmel gezählt.“ Maro lacht: „So eine Idee hast nur du!“ Yassir redet weiter: „Doch plötzlich ist eine Sternschnuppe über den Himmel geflogen. Sie hat ganz hell geleuchtet. Da habe ich mir gleich etwas gewünscht.“ „Toll, aber was ist eigentlich eine Sternschnuppe?“, fragt Maro. Die beiden holen sich ein Lexikon. Dort steht: *Sternschnuppen sind Leuchterscheinungen am Himmel. Sie entstehen durch Meteorite, die in die Erdatmosphäre eindringen und verglühen. Schon immer glaubten die Menschen daran, dass Sternschnuppen Wünsche erfüllen. Forscher fanden heraus, dass die meisten Sternschnuppen in der Morgendämmerung auftauchen.* Yassir meint grinsend: „Dann werde ich als Beruf Nachtwächter lernen. Ich werde jeden Morgen vor dem Schlafengehen eine Sternschnuppe sehen. So werden alle meine Wünsche in Erfüllung gehen.“

2 Bestimme die Zeitformen der Verben.
Markiere gleiche Zeitformen mit der gleichen Farbe.

3 Verändere die Zeitformen der Verben aus dem Text. Schreibe jeweils zwei Beispiele auf.

Präsens → Präteritum: er berichtet – er berichtete, ____________________

____

Präteritum → Futur: ____________________

____

Perfekt → Präsens: ____________________

____

Futur → Perfekt: ____________________

____

 → SB S. 44

Personalformen des Verbs

Verben können in der **Grundform** oder in einer **Personalform** stehen.
Zu jeder Personalform gehört ein Pronomen. Mit einem Pronomen und dem Verb in der Personalform gibst du an, wer etwas tut. Du unterscheidest Formen in der **Einzahl** (im **Singular**) und in der **Mehrzahl** (im **Plural**).

Grundform: gehen

Personalformen:

	Einzahl	Mehrzahl
1. Person:	ich gehe	wir gehen
2. Person:	du gehst	ihr geht
3. Person:	er/sie/es geht	sie gehen

1 Ergänze zu jeder Personalform ein passendes Pronomen.
Verwende jedes Pronomen nur einmal.

____ kannst	____________	____ gebe	____________
____ sangen	____________	____ vergisst	____________

2 Welches Verb steht im Präteritum? Unterstreiche.

3 Notiere hinter jeder Personalform die Grundform des Verbs.

4 Bildet Personalformen der Verben mit einem Würfel und einer Münze.
Die Münze bestimmt die Zeitform: Kopf = Präsens, Zahl = Präteritum.
Der Würfel legt Person und Zahl fest:

tragen | üben | bringen | rufen
liegen | baden | heißen | kaufen
erlauben | fahren | denken | stellen

- ⚀ 1. Person Einzahl
- ⚁ 2. Person Einzahl
- ⚂ 3. Person Einzahl
- ⚃ 1. Person Mehrzahl
- ⚄ 2. Person Mehrzahl
- ⚅ 3. Person Mehrzahl

5 Bilde die Personalformen von **werden** und **sein**.
Markiere die Besonderheiten.

werden

ich werde ____ wir ____
du ____ ihr ____
er ____ sie ____

sein

ich bin ____ wir ____
du ____ ihr ____
er ____ sie ____

→ SB S. 45

Nomen (Substantive): Geschlecht

1 Unterstreiche alle Nomen im Text.

Mein Traum
In meinem letzten Traum machte ich eine interessante Entdeckung. Mein Bett konnte wie ein Flugzeug fliegen. Ich entfernte mich darin immer weiter von der Erde. Draußen war alles dunkel. Nur ein Stern leuchtete mir wie ein glühendes Rad entgegen. Sein helles Licht blendete mich. Ich war schon ganz in seiner Nähe, als ich die Gefahr erkannte. Ich wurde wie von einem Magneten zu dem Himmelskörper hingezogen. Deutlich konnte ich schon die Hitze des Feuers spüren. Oh Schreck! Das Steuer klemmte. Ich verlor an Höhe. Wie sollte ich jetzt entkommen? Da klingelte mein Wecker.

Nomen (Substantive) haben ein **Geschlecht**. Das Geschlecht kann **männlich**, **weiblich** oder **sächlich** sein. Du erkennst es am Artikel des Nomens:

männlich:	**der**	der Mann	**ein**	ein Mann
weiblich:	**die**	die Frau	**eine**	eine Frau
sächlich:	**das**	das Kind	**ein**	ein Kind

2 Trage die Nomen aus dem Text passend in die Tabelle ein.
Ergänze in der Tabellenüberschrift die bestimmten und unbestimmten Artikel.

männlich (der/_____)	**weiblich** (_____/_____)	**sächlich** (_____/_____)
Traum		

3 Finde in der Wörterliste passende Nomen.
Notiere sie mit dem unbestimmten Artikel.

männlich, erster Buchstabe B ____________________

weiblich, erster Buchstabe S ____________________

sächlich, erster Buchstabe L ____________________

→ SB S. 47

Nomen (Substantive) in den vier Fällen

Wenn ein Nomen (Substantive) im Satz in einem bestimmten Fall gebraucht wird, kann sich sein Artikel und die Endung verändern.

	männlich		weiblich		sächlich	
1. Fall	**der**	Mond	**die**	Erde	**das**	Raumschiff
2. Fall	**des**	Mond**es**	**der**	Erde	**des**	Raumschiff**s**
3. Fall	**dem**	Mond	**der**	Erde	**dem**	Raumschiff
4. Fall	**den**	Mond	**die**	Erde	**das**	Raumschiff

1 Bestimme das Geschlecht der Nomen in Aufgabe 2.

2 Fülle die Tabelle aus. Trage die Nomen mit dem unbestimmten Artikel in der richtigen Form ein. Markiere, was sich verändert.

	Satellit 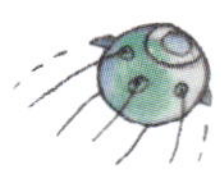	**Rakete** 	**UFO** 
Geschlecht des Nomens			
Wer oder was fliegt am Himmel?	*ein Satellit*		
Wessen Lichter sind zu erkennen?			
Wem sendet der Funkturm Signale?			
Wen oder was beobachtet der Astronom?			

3 Erfrage den Fall der unterstrichenen Nomen und Artikel.
Schreibe so: *Wessen Form haben Mond und Erde? einer Kugel (2. Fall)*

Mond und Erde

Mond und Erde haben beide die Form einer Kugel. Beide leuchten im Licht der Sonne. Einmal im Monat umkreist der Mond die Erde. Wenn die Erde so groß wäre wie eine Orange, entspräche der Mond einem Tischtennisball. Stelle dir vor, man könnte zu Fuß im Weltraum herumlaufen. Wenn ein Kind auf der Erde losgehen und jeden Tag ein paar Stunden wandern würde, würde es den Mond nach ungefähr 60 Jahren erreichen. Die Entfernung des Mondes von der Erde beträgt nämlich 360 000 Kilometer. Das erscheint einem Menschen fast unendlich weit.

→ SB S. 48/49

Wörtliche Rede

Zur wörtlichen Rede gehört meist ein **Begleitsatz**.
Der Begleitsatz kann vor oder nach der wörtlichen Rede stehen.
Der **vorangestellte Begleitsatz** wird durch einen **Doppelpunkt** von der wörtlichen Rede getrennt: Anna sagt: „Ich philosophiere gern."
Der **nachgestellte Begleitsatz** wird durch ein **Komma** von der wörtlichen Rede getrennt: „Ich philosophiere gern", sagt Anna.

1 Die Klasse 4a führt ein Projekt zum Thema „Sterne" durch. Schreibe die Sätze als wörtliche Reden auf. Verwende unterschiedliche Wörter für **sagen**.

2 Unterstreiche Begleitsatz grün und wörtliche Rede blau. Setze die Satzzeichen und die Anführungszeichen passend ein.

Wer möchte sein Ergebnis als Erster vorstellen fragt Frau Zander Tim ruft laut Ich nicht Ich möchte ganz zum Schluss drankommen Kannst du dich nicht melden wie alle anderen ermahnt ihn die Lehrerin Ich lege die Reihenfolge besser selbst fest Lisa, bitte beginne du Lisa freut sich Das mache ich gerne

3 Stelle die Begleitsatz um.

„Das war ein tolles Projekt!", ruft Yassir.

Frau Zander verspricht: „Bald gehen wir ins Planetarium."

Einen Bericht planen und schreiben

So schreibst du einen Bericht:

1. Gliedere deinen Bericht in **Einleitung**, **Hauptteil** und **Schluss**.
   Einleitung: Beantworte die W-Fragen: Wer? Wo? Wann? Was?
   Hauptteil: Schildere den Ablauf des Ereignisses.
   Achte auf die richtige Reihenfolge.
   Schluss: Notiere Folgen oder Ergebnisse.
2. Berichte sachlich und genau: nur Tatsachen, keine Vermutungen, Meinungen oder Gefühle.
3. Schreibe im Präteritum.

1 Markiere die Antworten auf die W-Fragen:
Wo und **wann** geschah **was**? **Wer** war beteiligt? **Wie** war der Ablauf?

+++ EILMELDUNG VOM 14.10.2012 +++
+++ Österreichischer Extremsportler Felix Baumgartner springt aus dem Weltall +++
+++ Sprung aus einer Kapsel vom Rande des Weltalls aus 39.000 Metern Höhe +++
+++ durchbricht mit 1342,8 km/h die Schallmauer +++
+++ beinahe Abbruch der Aktion, da Helmheizung nicht funktionierte +++
+++ zahlreiche Menschen auf der ganzen Welt Augenzeugen vor den Fernsehgeräten +++
+++ bei 1500 Metern Höhe öffnet sich der rettende Fallschirm +++

2 Suche im Internet weitere Informationen zu diesem Ereignis. Notiere Stichpunkte.

____

____

____

____

3 Verfasse einen Bericht über dieses Ereignis.

4 Markiere in deinem Bericht Einleitung, Hauptteil und Schluss.

5 Unterstreiche alle Verben.
Überprüfe, ob du im Präteritum berichtet hast.

6 Lies deinen Text Satz für Satz. Wo kannst du ihn durch Umstellen, Ersetzen und Erweitern von Satzgliedern verbessern?

7 Tausche deinen Bericht mit einem anderen Kind. Gebt euch Rückmeldung.
Überarbeite dann deinen Text.

→ SB S. 52

Einen Text überarbeiten

Mein Traumplanet

Lotta hat sich einen neuen Planeten ausgedacht und ihn beschrieben.
Tom hat ihren Text korrigiert.

Der Regenplanet ULU 77

Der Regenplanet ULU 77 ist ein ganz besonderer planet. Er wurde erst vor wenigen Wochen entdeckt. Er Erscheint nur in klaren Nächten. Er sieht an Himmel wie ein großer Wasserball aus.* Um ihn herum schweben Wolken_ Mit einem Fernglas kann man erkennen, dass es aus den Wolken immer regnet. Auf dem Regenplaneten ULU 77 gab es nur Wasserpflanzen und Fische. Sein besonderes Kenzeichen ist, dass alles auf ihn und um ihn herum Blau ist.

RS
W, RS
* zu ungenau W, G
Sz
Z
RS, G
RS

RS: Rechtschreibfehler
Sz: Satzzeichenfehler
Z: Zeitfehler
G: Grammatikfehler
W: Wiederholung: Satzglieder umstellen, Wörter austauschen

1 Überarbeite Lottas Text. Beachte dabei die Korrekturzeichen.

2 Erfinde selbst einen neuen Planeten und beschreibe ihn. Schreibe in dein Heft.

3 Tauscht die Texte über die neuen Planeten untereinander aus und korrigiert sie. Verwendet dabei die Korrekturzeichen eurer Klasse.

4 Überarbeite deinen korrigierten Text.

→ SB S. 53

Silbentrennung

So trennst du Wörter richtig:
1. Einfache Wörter trennst du nach Sprechsilben.
2. Zusammengesetzte Wörter trennst du nach ihren einzelnen Wortteilen. Für die Wortteile gelten die bekannten Trennungsregeln.
3. Die Buchstabenverbindungen **ck**, **ch** und **sch** bleiben immer zusammen.
4. Buchstabenverbindungen wie **pf**, **st**, **tz** und **doppelte Konsonanten (Mitlaute)** trennst du in der Mitte.
5. Manchmal gibt es mehrere Möglichkeiten. Wenn du nicht sicher bist, schlage im Wörterbuch nach.

Die Mondzwerge

Hast du gewusst, dass auf dem Mond kleine Wesen leben? Diese Mond|zwer|ge sind ganz besondere Geschöpfe, denn sie können von einem Augenblick auf den anderen ihre Stimmung so verändern, dass man sie kaum wiedererkennt. In der Nacht zum Beispiel, wenn die Menschen auf der Erde schlafen, geht es den Mondzwergen gut. Sie freuen sich über die Ruhe, machen Witze und strahlen. Oft lachen sie so sehr, dass ihnen der Bauch wehtut.
Doch je näher der Tagesanbruch rückt, desto trauriger fühlen sie sich. Sie schleichen mit hängenden Schultern über den Mond und ziehen Gesichter wie sieben Tage Regenwetter. Manchmal kullern ihnen sogar Tränen über die Wangen, so todunglücklich sind sie.
Wenn dann die Erde unter ihnen erwacht und der Schall von Autos und Flugzeugen zum Mond hallt, bekommen die Mondzwerge schreckliche Angst. Ihre Knie beginnen zu schlottern, es läuft ihnen eiskalt den Rücken hinunter. Mit schweißnassen Händen halten sie sich ihre kleinen Ohren zu.
Gleich darauf aber werden sie fürchterlich wütend auf die Menschen, die so wenig Rücksicht nehmen. Dann steigt ihnen die Zornesröte ins Gesicht. Sie toben wie die Stiere und brüllen herum. Nur gut, dass der Mond so weit von der Erde entfernt ist …

1 Zeichne in die unterstrichenen Wörter farbige Trennungsstriche ein.

2 Schreibe die unterstrichenen Wörter in Silben getrennt in dein Heft. Notiere dahinter jeweils, welche Trennungsregel dir hilft.

3 Wie wird das Wort **Abende** richtig getrennt? Tauscht euch aus. Findet weitere Beispiele.

→ SB S. 56

Silbentrennendes h

Wenn eine Silbe mit einem Vokal (Selbstlaut) endet und die nächste Silbe mit einem Vokal beginnt, schreibt man meistens ein **h** dazwischen.
Sprich sehr deutlich, dann kannst du das **h** hören: ge-**h**en, Nä-**he**.
In verwandten Wörtern kannst du das **h** hörbar machen, indem du das Wort verlängerst: er ge**h**t – ge**h**en.
Diese Strategien helfen dir: **Silben schwingen**, **Verlängern**.

1 Unterstreiche alle Wörter mit einem **h** in der Mitte oder am Ende.

Zurück im All erklären die Außerirdischen Taps und Tups, wie es auf der Erde ist: Auf der Erde sieht es toll aus. Wir konnten eine Kuh und ein Reh erblicken. Im Frühling blüht es überall bunt. Es gibt Gehwege, Glühlampen und Tiere, die ein Geweih haben. Am Morgen kräht oft ein Gockel. Wenn es dunkel ist, ruht man sich aus. Alles ist ganz nah beieinander.

2 Schreibe die unterstrichenen Wörter mit einem verwandten Wort auf, in dem man das **h** hören kann.

sieht – sehen, ______________________

____

____

____

____

3 Notiere die Verben in der Ich, Du und Er-Form. Markiere das **h**.

gehen: ______________________

leihen: ______________________

glühen: ______________________

4 Bilde zusammengesetzte Nomen. Welches Wort hilft dir? Tauscht euch aus.

 + 

 + 

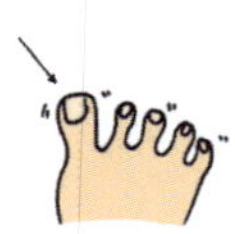 + 

______________ ______________ ______________

→ SB S. 57

Lesestrategien nutzen

1 Betrachte die Textform und die Abbildung bei Aufgabe 4. Lies die Überschrift.

Ich glaube, der Text ist ☐ ein Gedicht ☐ eine Erzählung ☐ ein Sachtext,

weil ____

____

2 Schreibe mit jedem Satzanfang einen Satz.

Ich weiß schon, dass … | Ich vermute, dass … | Ich erwarte, dass …

3 Welche Fragen soll dir der Text beantworten? Notiere.

4 Lies den Text. Unterstreiche Wörter und Stellen, die du nicht verstehst.

Mutter Sonne

Die Sonne ist ein Stern und besteht überwiegend aus den Gasen Helium und Wasserstoff. Sie bildet das Zentrum unseres Sonnensystems, das als „heliozentrisch" bezeichnet wird. Die Erde und sieben weitere Planeten kreisen in festen Bahnen um sie. Im Weltraum ist die Sonne nur ein Stern mittlerer Größe. Aber im Vergleich zur Erde ist die Sonne riesig. Man müsste ungefähr hundert Erdkugeln nebeneinander legen, um ihren Durchmesser zu erreichen.
Für uns ist die Sonne nicht nur riesengroß, sondern auch unvorstellbar heiß. Die Temperatur im Inneren der Sonne beträgt etwa 15 Millionen Grad Celsius. Zum Glück haben die Sonnenstrahlen einen weiten Weg durch das All und treffen mit viel geringerer Wärme, aber mit hellem Licht auf die Erde. Ohne sie wären wir eisiger Kälte und Dunkelheit ausgesetzt.
Die Sonne – wir drehen uns um sie, sie wärmt uns und gibt uns Licht. Das sind genügend Gründe, warum man auch von „Mutter Sonne" spricht.

5 Kläre die Wörter oder Textstellen, die du unterstrichen hast.

6 Lies den Text noch einmal. Markiere dabei Schlüsselwörter.

7 Fasst den Text mithilfe der Schlüsselwörter zusammen.

8 Überprüft die Sätze in den Aufgaben 2 und 3. Ergänzt und klärt unbeantwortete Fragen.

Lernwörter-Check

3

fallen – fällt – fielen   stellen – stellt – stellten   essen – isst – aß
das Gesicht – die Gesichter   dumm   schlimm   schnell
vergessen – vergisst – vergaß   das Zimmer – die Zimmer   zusammen

4

blühen – blüht – blühten   dem – den   fremd – fremder
drehen – dreht – drehten   der Zeh – die Zehen
die Geschichte – die Geschichten   sprechen – spricht – sprachen
stehen – steht – standen   der Stein – die Steine   die Kuh – die Kühe
der Schuh – die Schuhe   sehen – sieht – sahen

○ **1** Lass dir die Lernwörter der Wörterkisten 3 und 4 diktieren.

◒ **2** Kontrolliere. Verbessere Fehler.

○ **3** Welche Lernwörter waren schwierig für dich?
Markiere sie in den Wörterkisten.

● **4** Bereite dich mithilfe des roten Fadens auf ein Lerngespräch vor.
Überlege und kreuze an:

Wie sicher konntest du deine Lernwörter schreiben?
Schätze dich ein.

Welche Strategien helfen dir, die schwierigen Wörter richtig zu schreiben? Begründe.

Wie möchtest du weiterüben? Erkläre.

● **5** Führt ein Lerngespräch.
Verwendet den roten Faden und tauscht euch aus.

◒ **6** Ergänze deine Wörterkartei.
Nimm Wörter auf, die du in diesem Kapitel falsch geschrieben hast oder die dir besonders wichtig sind. Übe sie.

S. 10–13

Bist du fit?

1 Bilde die Personalformen in der vorgegebenen Zeitform.

drehen: 3. Person Mehrzahl, Präteritum ______________________

halten: 1. Person Einzahl, Perfekt ______________________

sitzen: 3. Person Mehrzahl, Futur ______________________

sein: 2. Person Einzahl, Präsens ______________________

2 Schreibe jeweils ein passendes Nomen mit bestimmtem und unbestimmtem Artikel auf.

männlich	**weiblich**	**sächlich**
______________	______________	______________
______________	______________	______________

3 Bestimme den Fall der unterstrichenen Wörter.
Notiere auch die Frage.

Die Kinder schauen heute in der Schule <u>einen Film</u> an.

____

In dem Film erklärt ein Professor <u>den Kindern</u> unser Sonnensystem.

____

4 Unterstreiche den Begleitsatz.
Ergänze die fehlenden Anführungs- und Satzzeichen.

Mir hat der Film sehr gut gefallen urteilt Maro.

Sein Freund Yassir ruft begeistert Ich fand den Professor klasse!

5 Schreibe die Wörter in Silben getrennt auf.

Geschichte schützen verstecken Schinkenpizza Tasche

____

____

Zweiteiliges Prädikat

Prädikate bestehen aus zwei Teilen, wenn sie aus einem **Verb** und einem **Hilfsverb** wie **sein**, **haben**, **werden**, **wollen**, **sollen**, **können**, **müssen** oder **dürfen** gebildet werden: Wissenschaftler **haben** die Keilschrift **untersucht**.

Prädikate bestehen aus zwei Teilen, wenn sie aus einem **Verb mit Vorsilbe** gebildet werden: Ich **schlage** fremde Wörter **nach**. (Grundform: nachschlagen)

1 Bilde sinnvolle Sätze im Präsens. Schreibe sie auf.
Unterstreiche anschließend die zweiteiligen Prädikate farbig.

4. Klasse – Projekt zum Thema „Schriftzeichen“ – durchführen

ein Referat – ausarbeiten – einige Kinder

sie – nachschlagen – in Büchern

einholen – Informationen – im Internet – andere Kinder

auf einem Plakat – festhalten – ihre Ergebnisse – sie

2 Erfrage die zweiteiligen Prädikate. Unterstreiche sie farbig.

Zum Schluss sollen alle ihre Ergebnisse vorstellen.

Michi, Hanna und Fabian werden ihre Informationen nacheinander vortragen.

Die Jungen haben ihr Poster schon an der Tafel befestigt.

Gemeinsam wollen sie etwas dazu erzählen.

Am meisten wird die Geheimschrift bewundert.

3 Vergleicht die Prädikate der Aufgaben 1 und 2. Was fällt euch auf? Besprecht.

 → SB S. 78

Bedeutung des Prädikats im Satz

Es gibt Sätze, die nur aus dem Prädikat und dem Subjekt bestehen:
Die Hieroglyphen entstehen.
Es gibt aber auch Prädikate, die neben dem Subjekt weitere Satzglieder fordern:
Wissenschaftler fanden **Tontafeln**.

○ **1** Vervollständige die Sätze nur dann, wenn es nötig ist.
Wenn ein Satz bereits vollständig ist, setze den Punkt in das Kästchen.

Ich helfe ☐ ______

Ich schweige ☐ ______

Ich gestalte ☐ ______

Ich wünsche ☐ ______

◒ **2** Bei welchen Sätzen zweifelst du? Erkläre.

◒ **3** Ordne folgende Verben. Was benötigt ein Verb mindestens, damit ein sinnvoller, möglichst kurzer Satz entsteht? Erkläre.

schlafen | schenken | geben | sehen | lachen | beneiden

nur Subjekt	**Subjekt und weiteres Satzglied**	**Subjekt und mehrere Satzglieder**

◒ **4** Schreibe deine gefundenen Sätze auf.

→ SB S. 79

Satzergänzung im 4. Fall

Sätze können durch Satzergänzungen (Objekte) erweitert werden.
Auf die Frage **Wen oder was?** antwortet die **Satzergänzung im 4. Fall**:
Timo trifft eine Freundin im Museum.
Wen oder was trifft Timo im Museum? **eine Freundin**
Sie bestaunen die wertvollen Bücher.
Wen oder was bestaunen sie? **die wertvollen Bücher**

Kostbare Bücher

Schon als Kind bewunderte der Mönch alte Kirchenbücher. Das Lesen und Schreiben erlernte er in einer Klosterschule. Nun darf er die kostbaren Bücher abschreiben. Sorgfältig schließt der Mönch sie jeden Abend ein.

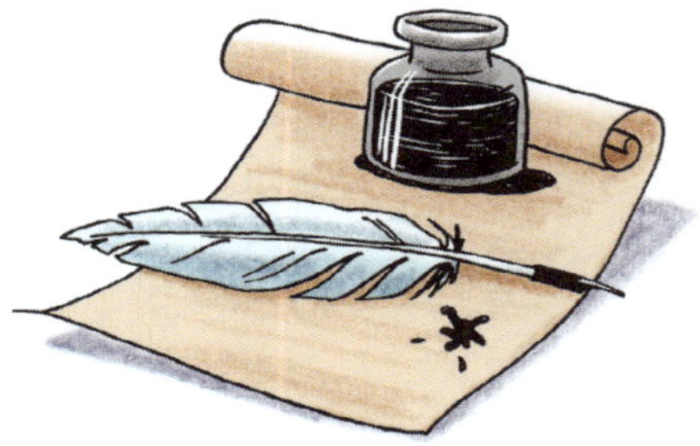

○ **1** Unterstreiche im Text alle Prädikate farbig.

○ **2** Arbeite mit dem Satzstern. Erfrage das Subjekt und unterstreiche es im Text.

Wer oder was? — **bewunderte**
der Mönch

◒ **3** Frage jetzt nach den Satzergänzungen im 4. Fall.

Wer oder was? — **bewunderte** — Wen oder was?
alte Kirchenbücher

◒ **4** Schreibe die Fragen und Antworten aus Aufgabe 3 auf.

Wen oder was bewunderte der Mönch schon als Kind?
alte Kirchenbücher

→ SB S. 80

Starke und schwache Verben

Verben, die ihren Wortstamm nicht verändern, heißen **schwache Verben**:
zeigen, **zeig**te, ge**zeig**t.
Verben, die ihren Wortstamm verändern, heißen **starke Verben**:
wiegen, **wog**, ge**wog**en.

1 Ergänze die Tabelle mit den Wörtern aus dem Buch.

2 Markiere jeweils den Wortstamm. Was fällt dir auf?

Präsens	Präteritum	Perfekt
ich danke	ich dankte	ich habe gedankt
ich b		

3 Ergänze die Tabelle mit den Wörtern aus dem E-Book.

4 Markiere auch hier die Wortstämme. Was fällt dir auf?

Präsens	Präteritum	Perfekt
ich sehe	ich	ich habe
ich t		

5 Kreise schwache Verben blau und starke Verben grün ein. Ergänze ein schwaches und ein starkes Verb.

holen gehen heißen hoffen ____________ ____________

Kindernachrichten

○ **1** Lies dir beide Kindernachrichten genau durch.

Königin Elisabeth II. ist tot | *8. September 2022*
Die britische Königin Elisabeth II. ist heute im Alter von 96 Jahren gestorben. Sie saß 70 Jahre auf dem Thron, länger als alle anderen Könige und Königinnen des Vereinigten Königreichs von Großbritannien und Nordirland. Sie war bei Menschen weltweit sehr beliebt. Zu ihrer Beerdigung in London kamen viele Hunderttausend Menschen. Ihr Mann Prinz Philip ist schon letztes Jahr gestorben. Sie hat sehr um ihn getrauert.

Müllproblem wegen Corona | *31. August 2021*
Auf den Gehwegen und in den Parks liegen immer wieder Corona-Masken herum. Da sich die Menschen während der Corona-Pandemie nicht mehr in ein Café oder ein Restaurant setzen können, landen auch Kaffeebecher aus Pappe und Verpackungen aus Plastik auf der Straße. Einige Politiker fordern, dass die Städte strenger mit Leuten sind, die ihren Müll auf die Straße werfen, und das Bußgeld dafür erhöhen.

◒ **2** Unterstreiche die Antworten auf die Fragen WER? WO? WAS? und WANN? mit den entsprechenden Farben.

● **3** Entscheide dich für eine der beiden Nachrichten. Stelle die Informationen übersichtlich dar, zum Beispiel als Mindmap, als Tabelle oder mit Stichpunkten.

❀ **4** Recherchiere zu einem aktuellen Thema. Notiere Stichpunkte. Schreibe anschließend eine Nachricht in dein Heft, die alle wichtigen Informationen enthält.

Datum: ______________________________

→ SB S. 82

Satzergänzung im 3. Fall

Auf die Frage **Wem?** antwortet die **Satzergänzung im 3. Fall**:
Hanna schreibt ihrer Mama.
Wem schreibt Hanna? **ihrer Mama**

Die Computer-AG

1 Bilde sinnvolle Sätze.

erklärt | zu Beginn | den Kindern | Frau Zander | das Schreibprogramm

seinem besten Freund | Maro | hilft | am Computer

in der Pause | die Geburtstagskarte | ihrer kleinen Schwester | zeigt | Kyra

2 Unterstreiche die Prädikate farbig.

3 Arbeite mit deinem Satzstern. Erfrage das Subjekt und unterstreiche es im Text farbig.

Wer oder was? – **erklärt**
Frau Zander

4 Frage jetzt nach den Satzergänzungen im 3. Fall.

Wer oder was? – **erklärt** – Wem?
Frau Zander – den Kindern

5 Schreibe die Fragen und Antworten auf. Schreibe so:
Wem erklärt Frau Zander zu Beginn das Schreibprogramm? den Kindern

Bindewörter

Sätze können durch **Bindewörter** miteinander verbunden werden.
Vor „**und**" und „**oder**" steht **meist kein Komma**. Weitere Bindewörter sind zum Beispiel: **denn**, **weil**, **aber**, **dass**, **da**, **obwohl**, **als**, **während**, **bevor**, **nachdem**.
Vor ihnen steht **immer ein Komma**.

1 Setze passende Bindewörter ein. Ergänze das Komma, wenn nötig.

Meine kleine Schwester glaubt	____________	sie eine kleine Prinzessin ist.
Timo hat schlechte Laune	____________	er in der Schule geärgert wurde.
Emma klingelt an der Tür	____________	ihre Freundin Mia öffnet.
Ich habe Hunger	____________	ich gerade etwas gegessen habe.
Er war gerade unter der Dusche	____________	das Telefon klingelte.

2 Warum ergibt das, was die Kinder sprechen, keinen richtigen Sinn? Besprecht euch. Schreibt eure Antworten auf.

Ich recherchiere im Internet nach Ausflugszielen in Niedersachsen, als ich morgen in den Urlaub fahre.

Ich finde meinen Ausweis nicht, da ich ihn sicher eingesteckt habe.

____

____

3 Schreibe die Sätze von Aufgabe 2 mit den passenden Bindewörtern auf.

____

____

____

____

→ SB S. 84

Merkwörter mit Dehnungs-h (M)

Bei einigen Wörtern gibt es für die schwierige Stelle keine Regel.
Dazu gehören Wörter mit **Dehnungs-h**. Diese Strategie hilft dir: **Merken**.

1 Bilde aus den Silben Verben. Schreibe sie auf.

neh- füh- keh- woh-   len ren men nen

2 Finde zu den Verben aus Aufgabe 1 weitere Wörter aus der jeweiligen Wortfamilie.
Schreibe so: *fühlen, das Gefühl, …*

3 Finde zu möglichst vielen Buchstaben des Alphabets ein Wort mit Dehnungs-h.
Schreibe die Wörter auf. Das Wörterbuch hilft dir.

4 Dehnungs-h oder silbentrennendes h? Kreise mit der entsprechenden Farbe ein.
Schreibe die Wörter anschließend geordnet auf.

Wörter mit Dehnungs-h	Wörter mit silbentrennendem h

5 Lest die Wörter. Worin besteht der Unterschied? Erklärt.

Stahl Stall

6 Finde weitere Wortpaare wie in Aufgabe 5.

→ SB S. 85

Rechtschreibstrategien verbinden

Diese Strategien helfen dir, Wörter richtig zu schreiben:

1 Schreibe die Wörter richtig auf. Wende die gelernten Strategien an.

gefehrlich

ferbindung

2 Welche Strategien haben dir bei Aufgabe 1 geholfen?
Zeichne in die Kästchen.

3 Überarbeite folgenden Text. Beachte dabei die Korrekturzeichen.

„Das Internet vergist nichts" ist ein ziemlich warer — RS, RS
Auspruch. Man sollte immer gut überlegen, was man — RS
schreibt und welche Fotos mann hochlädt_ Folgende — RS, Sz
Frage könnte helfen: Würde man das Bilt auch seinen — RS
Eltern oder Großeltern zeigen? Wenn man dies nicht
tun würde, solte es auch nicht der Rest der Welt seen. — RS, RS

Mit einem Text arbeiten

○ **1** Wende die Strategie **Vor dem Lesen** an.

◒ **2** Lies den Text Satz für Satz.
Schlage unbekannte Wörter nach.
Kennzeichne Textstellen, die du
nicht verstehst.

Mediennutzung von Kindern und Jugendlichen

Jedes Jahr werden Eltern und Kinder befragt, um mehr über ihren Umgang mit Medien zu erfahren. Von allen Medien nutzen Kinder in Deutschland das Fernsehen nach wie vor am meisten. 76 Minuten sehen sie pro Tag im Durchschnitt fern, am Wochenende länger als werktags. Am liebsten schauen 6- bis 13-Jährige Sender, die speziell für ihre Altersgruppe sind. Ein Drittel aller Kinder liest ein- oder mehrmals pro Woche ein Buch. In einer Umfrage gaben sie an, dass sie Bücher bevorzugen, die spannend oder lustig sind und eine tolle Hauptfigur haben. Das Vorlesen von Büchern finden sie ebenfalls gut, da es so gemütlich ist und sie tolle Geschichten hören können. Sehr viele 10- bis 11-Jährige nutzen gelegentlich das Internet. Ab 12 Jahren sind fast alle Heranwachsenden online. Am häufigsten sehen sie hier Filme und Videos an oder hören Musik. Viele Kinder gaben bei den Umfragen jedoch auch an, dass sie lieber nach draußen gehen und mit Freunden spielen als vor dem Fernseher oder Computer zu sitzen.

◒ **3** Teile den Text in Sinnabschnitte ein. Verwende unterschiedliche Farben.

● **4** Finde für jeden Sinnabschnitt eine passende Überschrift und notiere sie
in der entsprechenden Farbe.

___

___

___

___

___

● **5** Vergleicht die Überschriften.
Gebt den Text anschließend mit euren eigenen Worten wieder.

Lernwörter-Check

5

lachen – lacht – lachten   der Platz – die Plätze
die Pfütze – die Pfützen   plötzlich
schützen – schützt – schützten

6

dein – deinem – deinen   ganz – ganzem – ganzen   ihm – ihn – ihnen – ihr
mein – meinem – meinen   erzählen – erzählt – erzählten
fahren – fährt – fuhren   wahr   zehn   vielleicht   vier   voll

○ **1** Lass dir die Lernwörter der Wörterkisten 5 und 6 diktieren.

◒ **2** Kontrolliere. Verbessere Fehler.

○ **3** Welche Lernwörter waren schwierig für dich?
Markiere sie in den Wörterkisten.

● **4** Bereite dich mithilfe des roten Fadens auf ein Lerngespräch vor.
Überlege und kreuze an:

Das kann ich gut: … Das möchte ich noch üben: …

Wie sicher konntest du deine Lernwörter schreiben? Schätze dich ein.

Welche Strategien helfen dir, die schwierigen Wörter richtig zu schreiben? Begründe.

Wie möchtest du weiterüben? Erkläre.

● **5** Führt ein Lerngespräch.
Verwendet den roten Faden und tauscht euch aus.

◒ **6** Ergänze deine Wörterkartei.
Nimm Wörter auf, die du in diesem Kapitel falsch geschrieben hast oder die dir besonders wichtig sind. Übe sie.

S. 14–15

Bist du fit?

1 Kreise alle zweiteiligen Prädikate ein.

Pauls Vater liest ihm etwas aus der Zeitung vor. Paul hört interessiert zu. Wenn er etwas nicht so gut versteht, fragt er nach. Zu diesem Thema soll er nämlich nächste Woche in der Schule eine Präsentation erstellen. Da es Pauls Lieblingsthema ist, kennt er sich sowieso schon sehr gut aus. Trotzdem will er sich umfassend vorbereiten.

2 Ergänze die Tabelle. Kreise schwache Verben und starke Verben ein.

Grundform	Präteritum	Perfekt
sitzen	er	er
	wir fuhren	wir
	ich	ich bin geschwommen
lachen	ihr	ihr

3 Ergänze die Satzergänzungen im 4. Fall.
Unterstreiche die Satzergänzungen im 3. Fall farbig.

das größte Stück Torte | eine Schleife | ein Tierbuch | das Geschenk

Kyra kauft ihrem Bruder am Wochenende ____________________.

Dem Buch bindet sie noch ____________________ um.

Zu Hause gibt sie ihm ____________________.

Er holt ihr ____________________.

4 Finde zu jedem Bindewort die Funktion, die es im Satz hat.
Male sie in der gleichen Farbe an.

weil | nachdem | Bedingung | Begründung

obwohl | wenn | zeitliche Einordnung | Gegensatz

5 Dehnungs-h oder silbentrennendes h?
Kreise in der passenden Farbe ein.

ähnlich drehen Ruhe ohne
Fehler glühen mehr

Wörter mit r nach Vokal (Selbstlaut)

Steht in einem Wort ein **r** nach einem a, so hörst du das **r** oft nicht: sta**r**k.
Steht in einem Wort ein **r** nach einem anderen Vokal (Selbstlaut) (e, i, o, u) oder einem Umlaut (ä, ö, ü), so hörst du das **r** oft als a: ste**r**ben, zerstö**r**t.

○ **1** Markiere das schwer hörbare **r** in den Wörtern.

werfen | kurz | Kurve | Wurf | Tür | Eltern | turnen

arm | wir | Erde | morgen | Wurst | schwer | werden

◒ **2** Schreibe alle Wörter, die du verlängern kannst, in der verlängerten Form auf.

● **3** Was fällt dir auf? Erkläre.

◒ **4** Suche aus einem Lesetext Wörter mit schwer hörbarem **r** heraus und schreibe sie auf.

● **5** Schreibe Sätze mit möglichst vielen solchen Wörtern.

→ SB S. 108

Wortfelder

Wörter mit gleicher oder ähnlicher Bedeutung bilden ein **Wortfeld**:
Fahrzeuge: Auto, Bus, Motorrad, ...
Wortfelder helfen dir, dich genau und abwechslungsreich auszudrücken.
Wortfelder gibt es in verschiedenen Wortarten.

1 Ergänze die Tropfen mit Wörtern aus dem jeweiligen Wortfeld.

2 Finde ein eigenes Wortfeld. Fülle den leeren Tropfen aus.

→ SB S. 109

Zeitangaben

Auf die Fragen **Wann?** oder **Wie lange?** antwortet die **Zeitangabe**.
Die Zeitangabe ist ein Satzglied.

Paul geht heute zum Automaten. **Wann** geht Paul zum Automaten? **heute**
Dazu braucht er eine Stunde. **Wie lange** braucht Paul? **eine Stunde**

Der Wald geht schlau mit seinen Abfällen um

Es dauert nur wenige Tage und alle Baumabfälle werden zu Nahrung für kleinste Krabbeltierchen. Es dauert etwa 16 Monate, bis aus Laub neue Erde entsteht.
Das will Paul morgen beim Waldspaziergang untersuchen. Er markiert sich in aller Frühe im Laubwald eine Stelle. Danach holt er die Lupe heraus. Jetzt betrachtet er den Boden dort genau. Es dauert nur wenige Augenblicke und er sieht ganze und kaputte Blätter. Nach einiger Zeit gräbt er tiefer und findet nur noch Blattgerippe. Er gräbt weiter und findet bald nur noch Erde. Paul will nun über mehrere Wochen immer wieder zum Beobachten des Waldbodens kommen.

◒ **1** Erfrage mit dem Satzstern die Zeitangaben aus dem Text. Markiere sie.

◒ **2** Sortiere die Zeitangaben aus dem Text in die Tabelle ein.

Wann?	**Wie lange?**

◒ **3** Übertrage die Tabelle in dein Heft. Ergänze mit weiteren Zeitangaben.

● **4** Schreibe eigene Sätze mit Zeitangaben aus der Tabelle auf.

→ SB S. 110

Ortsangaben

Auf die Fragen **Wo?** oder **Woher?** oder **Wohin?**
antwortet die **Ortsangabe**.
Die Ortsangabe ist ein Satzglied.

Der Automat steht im Supermarkt. **Wo** steht der Automat? **im Supermarkt**
Die E-Mail kommt vom Wertstoffhof. **Woher** kommt die E-Mail? **vom Wertstoffhof**
Die Flasche muss in den Automaten. **Wohin** muss die Flasche? **in den Automaten**

Mehrwegflaschen aus Glas

Es gibt Mehrwegflaschen aus Plastik und Glas. Sie landen nicht nach nur einer Benutzung auf dem Müll. Die Glasflasche kommt aus einer Glasfabrik. Danach wird sie zum Getränkehersteller transportiert. Sie wird in der Waschanlage gewaschen. Jetzt wird sie in der Abfüllanlage mit einem Getränk befüllt. Mehrere Flaschen werden in einen Kasten gesteckt. Im Getränkemarkt werden sie gestapelt und verkauft. Wenn die Getränkeflaschen leer sind, gibt man sie am Automaten zurück. Sie werden zum Hersteller zurückgebracht, gereinigt und bis zu 25-mal wieder befüllt und benutzt.

1 Erfrage mit dem Satzstern die Ortsangaben aus dem Text. Markiere sie.

2 Sortiere die Ortsangaben aus dem Text in die Tabelle ein.

Wo?	Woher?	Wohin?

3 Ergänze die Tabelle mit weiteren Ortsangaben.

4 Schreibe eigene Sätze mit Ortsangaben aus der Tabelle auf.

→ SB S. 111

Einen argumentierenden Text schreiben

○ **1** Betrachtet das Bild. Was ist mit „Secondhand“ gemeint? Erklärt.

○ **2** Sammelt Argumente, die für und gegen Secondhandkleidung sprechen.

Pro (dafür)	**Kontra** (dagegen)

○ **3** Entscheide dich für eine Position. Kreuze an.

◒ **4** Nummeriere die Argumente nach Wichtigkeit.
Beginne mit dem schwächsten Argument.

◒ **5** Schreibe einen argumentierenden Text, in dem du deinen Standpunkt begründest.

● **6** Stellt eure Texte vor. Gebt euch Rückmeldung.

→ SB S. 114

Wörter im Satzzusammenhang richtig schreiben

Wörter wie **mein**, **dein**, **sein**, **kein** können verschiedene Endungen haben.
Die Endung richtet sich nach dem **Geschlecht** (männlich, weiblich oder sächlich), der **Einzahl** (**Singular**) oder **Mehrzahl** (**Plural**) und dem **Fall** des Nomens (Substantivs), mit dem sie verwendet werden.

○ **1** Lies jeden Satz zuerst ganz genau.

◒ **2** Setze die richtigen Formen der vorgegebenen Wörter in die Lücken ein.

Lotta und Emma bereiten ein Referat vor. In ____________ *(ihr)* Vortrag geht es um die Wassernot in Äthiopien. Die Mädchen haben schon viel Material zu ____________ *(ihr)* Thema gesammelt. „Lass uns zuerst ____________ *(unser)* Aufgaben verteilen“, schlägt Lotta ____________ *(ihr)* Freundin vor. „Am besten beginnen wir mit ____________ *(unser)* Plakat. Ich stelle dann zuerst ____________ (mein) Teil über das Wasserholen vor. Anschließend zeigst du ____________ *(dein)* Bilder von den Kindern, die ____________ *(ihr)* Müttern helfen.“ Emma antwortet: „____________ *(dein)* Vorschlag finde ich gut. Ich mache danach gleich weiter und erzähle ____________ *(unser)* Klassenkameraden, wie in einem Dorf ein Brunnen gebaut wurde. Zum Abschluss spiele ich noch das äthiopische Lied vor, das ich auf ____________ *(mein)* Tablet habe.“

◒ **3** Markiere die vier Fehler im Text.

In Äthiopien haben viele Dörfer kein Brunnen. Die Frauen müssen deshalb manchmal stundenlang laufen, um ihrem Krug mit Wasser zu füllen.
Die vollen Krüge tragen sie meist auf ihre Köpfen. Daran sollten wir denken, wenn wir mit unseren Wasser wieder einmal nicht sparsam umgehen.

● **4** Schreibe den Text richtig auf.

→ SB S. 115

Nomen (Substantive) in den vier Fällen

Bei Nomen (Substantiven) und Artikeln kann sich die Endung in den vier verschiedenen Fällen ändern.

		männlich	**weiblich**	**sächlich**
1. Fall	Wer oder was?	ein Vater	eine Mutter	ein Rätsel
2. Fall	Wessen?	ein**es** Vater**s**	ein**er** Mutter	ein**es** Rätsel**s**
3. Fall	Wem?	ein**em** Vater	ein**er** Mutter	ein**em** Rätsel
4. Fall	Wen oder was?	ein**en** Vater	eine Mutter	ein Rätsel

1 Erfrage die Nomen und bestimme den Fall.

Ich trinke **einen Saft** aus einer Mehrwegflasche.

Wen oder was trinke ich aus einer Mehrwegflasche? einen Saft, 4. Fall

Eine Lehrerin lobt die Kinder sehr.

___

Tim sucht **eine Mülltonne** für Papier.

___

Der Roller **eines Kindes** steht im Weg.

___

Maro hilft **einem Mädchen** beim Aufräumen.

___

2 Bestimme die Fälle der Nomen und trage sie ein.

Kilian erstellt **ein Plakat** (4. Fall). Lotta sammelt alle Plakate ein. Das Aufhängen der Plakate übernimmt Tian. Dazu braucht er **einen Erwachsenen** (__________). Der Hausmeister holt **eine Leiter** (__________) und **eine Rolle Klebeband** (__________). Die Rektorin hält **eine Rede** (__________). Sie übergibt ihr Mikrofon **einem Klassensprecher** (__________), der alle Besucherinnen und Besucher begrüßt. **Ein Lehrer** (__________) verteilt mit Maro Informationszettel zum Thema Müll. Der Vortrag **eines Experten** (__________) kommt bei allen Besuchern gut an.

→ SB S. 116

Pronomen verändern sich

Pronomen verändern sich im 3. und 4. Fall:

1. Fall	Wer oder was?	**ich**	**du**	**er**	**sie**	**es**	**wir**	**ihr**	**sie**
3. Fall	Wem?	mir	dir	ihm	ihr	ihm	uns	euch	ihnen
4. Fall	Wen oder was?	mich	dich	ihn	sie	es	uns	euch	sie

1 Kreise die Pronomen in den Sätzen ein.

2 Setze die passenden Pronomen in die Lücken ein.

Du wirst krank. __________ ist kalt. Eine Wärmflasche wärmt __________.

Er wird krank. __________ ist kalt. Eine Wärmflasche wärmt __________.

Sie wird krank. __________ ist kalt. Eine Wärmflasche wärmt __________.

Wir werden krank. __________ ist kalt. Eine Wärmflasche wärmt __________.

Ihr werdet krank. __________ ist kalt. Eine Wärmflasche wärmt __________.

Sie werden krank. __________ ist kalt. Eine Wärmflasche wärmt __________.

3 Bestimme die Fälle und trage sie ein.

Gestern ging es **mir** (3. Fall) nicht gut. **Ich** (__________) war beim Arzt. **Er** (__________) hat **mich** (__________) untersucht und **mir** (__________) ein Rezept mitgegeben. Außerdem empfahl **er** (__________), dass **ich** (__________) viel schlafen und Tee trinken soll. So wird es **mir** (__________) bald besser gehen.

→ SB S. 117

Ein Schaubild erstellen

Der Treibhauseffekt

1 Lies den Text aufmerksam.

2 Schreibe Wichtiges in Stichpunkten auf.

3 Zeichne Bilder oder Symbole dazu. Erstelle Wortkarten.

4 Stelle sinnvolle Verbindungen her, z. B. mit Pfeilen.

5 Erkläre dein Schaubild anderen Kindern.

6 Zeichne das Schaubild in den Kasten.

Treibhauseffekt: Bestimmt habt ihr dieses Wort schon einmal gehört. Aber was bedeutet es eigentlich? Die Erde ist umgeben von der Atmosphäre. Das ist eine Art Lufthülle. Sie lässt Sonnenstrahlen auf die Erde. Ein Teil prallt aber wieder zurück ins All. Das sorgt dafür, dass es auf der Erde nicht zu warm wird. Die Atmosphäre ist wie eine Schutzmauer. Sie sorgt dafür, dass auf unserem Planeten eine gleichbleibende Temperatur herrscht.
Seit etwa 150 Jahren verdichtet sich die Atmosphäre mehr und mehr, und zwar durch zu viele Abgase von Autos, Flugzeugen und Fabriken. Durch die nun zu dichte Atmosphäre gelangen nur noch wenige Sonnenstrahlen zurück ins All. So wird es auf der Erde immer wärmer.

→ SB S. 118

Sätze untersuchen mit dem Satzstern

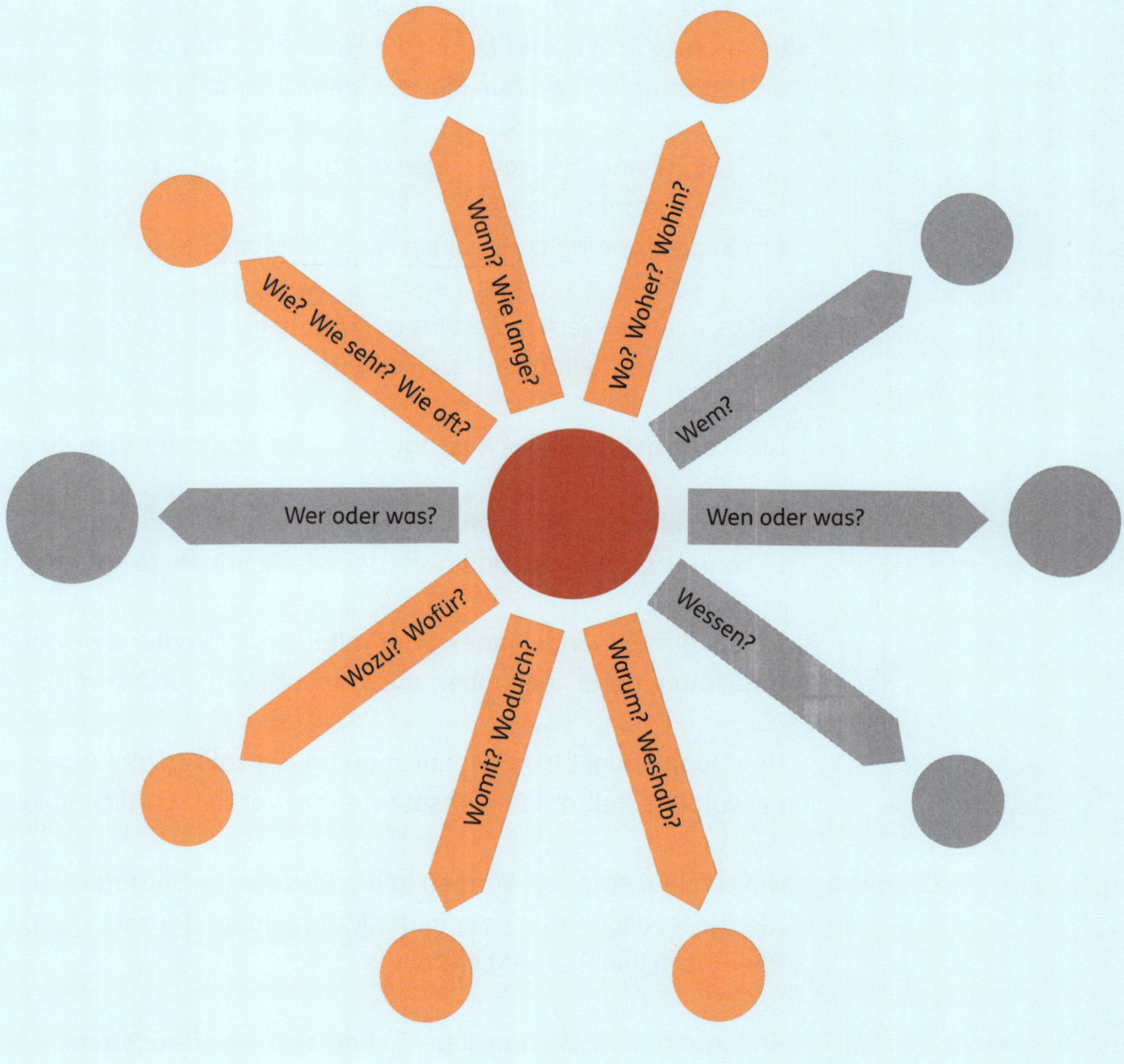

Fachbegriffe Sprache

Adjektiv	Adjektive sagen, **wie** Menschen, Tiere, Pflanzen und Dinge sind. Adjektive schreibst du klein.
Alphabet	Das Alphabet oder ABC besteht aus 26 Buchstaben.
Anführungs-zeichen	Die wörtliche Rede wird von ihnen eingerahmt (**„…“**).
Artikel	Sie stehen vor einem Nomen (Substantiv). Es gibt bestimmte Artikel (**der** Mann, **die** Frau, **das** Kind) und unbestimmte Artikel (**ein** Mann, **eine** Frau, **ein** Kind).
Aufforderungs-satz	Sätze, in denen man jemanden auffordert etwas zu tun, heißen Aufforderungssätze. Am Ende steht in der Regel ein Ausrufezeichen (**!**).
Ausruf	Sätze, in denen jemand etwas ausruft, heißen Ausrufe. Am Ende steht ein Ausrufezeichen (**!**).
Aussagesatz	Die meisten Sätze sind Aussagesätze. Am Ende steht ein Punkt (**.**).
Begleitsatz	Der Begleitsatz gibt an, wer spricht und wie jemand spricht. Er kann vor, zwischen und nach der wörtlichen Rede stehen.
Bindewort	Sätze können durch Bindewörter miteinander verbunden werden (**und**, **oder**, **denn**, **weil**, **aber**, **dass**, **da**, **obwohl**, **nachdem**, …).
Doppelpunkt	Den Doppelpunkt (**:**) verwendest du häufig vor Aufzählungen. Bei vorangestelltem Begleitsatz steht er vor der wörtlichen Rede.
Einzahl (Singular)	Nomen (Substantive) können in der **Einzahl** (im **Singular**) (der Hase, die Blume) oder in der **Mehrzahl** (im **Plural**) (die Hasen, die Blumen) stehen.
Endung	Endungen wie z. B. **-ung** sind nachgestellte Wortbausteine.
Fall	Nomen (Substantive), Pronomen und Artikel können im Satz in vier verschiedenen Formen gebraucht werden. Diese Formen nennt man **vier Fälle**. Jeder Fall antwortet auf eine bestimmte Frage (1. Fall: **Wer oder was?**, 2. Fall: **Wessen?**, 3. Fall: **Wem?**, 4. Fall: **Wen oder was?**).

Zur ISBN: 978-3-12-300623-4 Piri 4 Arbeitsheft, Fachbegriffe Sprache

Fragesatz	Wenn du etwas wissen willst, stellst du Fragen. Am Ende eines Fragesatzes steht ein Fragezeichen (**?**).
Futur	Das Verb in der Zeitform **Futur** zeigt an, dass etwas in der Zukunft passieren wird.
Geschlecht	Nomen (Substantive) haben ein Geschlecht. Du erkennst es am Artikel des Nomens. Das Geschlecht kann **männlich** (**der** Hund, **ein** Hund), **weiblich** (**die** Tasche, **eine** Tasche) oder **sächlich** (**das** Kind, **ein** Kind) sein.
Grundform	Verben und Adjektive stehen in der Wörterliste und im Wörterbuch in der Grundform. Bei Adjektiven heißt diese Form auch Grundstufe.
Hilfsverb	Die Hilfsverben **haben**, **sein** und **werden** bilden zusammen mit einem Verb die Zeitformen Perfekt und Futur.
Konsonant (Mitlaut)	Laut, bei dem ein Vokal (Selbstlaut) mitklingt (z. B. **ka**/**de**/**em**)
Mehrzahl (Plural)	→ siehe **Einzahl (Singular)**
Nachsilbe	Nachgestellte Wortbausteine wie z. B. **-nis** oder **-keit** heißen Nachsilben.
Nomen (Substantive)	Wörter für Menschen, Tiere, Pflanzen und Dinge heißen Nomen. Du schreibst sie immer groß. Sie können in der Einzahl und in der Mehrzahl stehen.
Ortsangabe	Satzglied, welches auf die Fragen **„Wo?“** oder **„Woher?“** oder **„Wohin?“** antwortet
Personalform	Verben werden in verschiedenen Personalformen verwendet. Mit den Personalpronomen **ich**, **du**, **er**, **sie**, **es**, **wir**, **ihr**, **sie** verändert sich die Endung des Verbs.
Prädikat	Satzglied, welches auf die Fragen **„Was tut jemand?“** oder **„Was geschieht?“** antwortet. Das Prädikat beinhaltet immer ein Verb.

Präsens Das Verb im Präsens gibt an, dass etwas in der Gegenwart stattfindet.

Pronomen Nomen (Substantive) können durch Pronomen ersetzt werden. Pronomen sind **ich**, **du**, **er**, **sie**, **es**, **wir**, **ihr**, **sie**.

Satz Ein Satz besteht aus mehreren Wörtern, die gemeinsam einen Sinn ergeben und ein Prädikat umfassen. Satzanfänge schreibst du groß.

Satzergänzung Sätze können durch Satzergänzungen erweitert werden. Es gibt die **Satzergänzung im 3. Fall** (antwortet auf die Frage **„Wem?“**) und die **Satzergänzung im 4. Fall** (antwortet auf die Frage **„Wen oder was?“**).

Satzglied Ein Satz setzt sich aus Satzgliedern zusammen. Sie bestehen aus einem Wort oder mehreren Wörtern. Beim Umstellen eines Satzes bleiben die Wörter eines Satzgliedes immer zusammen.

Satzzeichen Die Satzzeichen Punkt (.), Fragezeichen (?) oder Ausrufezeichen (!) beenden einen Satz. Es gibt auch Satzzeichen, die einen Satz gliedern, z. B. Doppelpunkt (:) oder Komma (,).

Silbe Wörter bestehen aus **Silben**. In jeder Silbe steht mindestens ein Vokal (Selbstlaut) oder Umlaut oder Zwielaut (Diphthong). Offene Silben enden auf einen Vokal (Selbstlaut). Geschlossene Silben enden auf einen Konsonanten (Mitlaut).

Steigerungsstufen Adjektive kannst du steigern. Die Steigerungsstufen heißen **Mehrstufe** und **Meiststufe**.

Strategie Eine Strategie ist ein Vorgehen, das dir hilft, ein bestimmtes Ziel zu erreichen. Rechtschreibstrategien helfen dir beim richtigen Schreiben.

Subjekt Satzglied, das auf die Frage **„Wer oder was?“** antwortet

Umlaut Die Buchstaben ä, ö, ü heißen **Umlaute**. Sie sind veränderte Vokale (Selbstlaute).

Zur ISBN: 978-3-12-300623-4 Piri 4 Arbeitsheft, Fachbegriffe Sprache

Verb	Verben drücken aus, was Menschen, Tiere, Pflanzen und Dinge tun. Verben schreibst du immer klein.
Vergangenheit	Das Verb in der Vergangenheit zeigt an, dass etwas bereits stattgefunden hat. Beim Schreiben verwendest du das **Präteritum**. Das **Perfekt** wird vor allem beim mündlichen Erzählen verwendet.
Vokal (Selbstlaut)	A, e, i, o, u heißen **Vokale** (**Selbstlaute**). Sie klingen beim Sprechen selbst. Sie können kurz oder lang gesprochen werden.
Vorsilbe	Vorsilben sind vorangestellte Wortbausteine.
wörtliche Rede	Was in Texten gesagt wird, heißt wörtliche Rede.
Wortart	Adjektive, Nomen (Substantive) und Verben gehören zu den Wortarten.
Wortbaustein	Wörter bestehen aus Wortbausteinen. Mit vorangestellten oder nachgestellten Wortbausteinen kannst du neue Wörter bilden. Ein wichtiger Wortbaustein ist der Wortstamm (z. B. ver-**lauf**-en).
Wortfamilie	Verwandte Wörter bilden eine Wortfamilie.
Wortfeld	Wörter mit gleicher oder ähnlicher Bedeutung bilden ein Wortfeld.
Wortstamm	Jedes Wort hat einen Wortstamm. Wörter mit gleichem Wortstamm nennt man verwandte Wörter (z. B. **Les**ebuch – vor**les**en).
Zeitangabe	Satzglied, welches auf die Fragen **„Wann?“** oder **„Wie lange?“** antwortet
Zeitformen	Präsens, Präteritum, Perfekt und Futur sind Zeitformen.
Zwielaut	Au, ei, eu und äu heißen **Zwielaute** (Diphtonge).

Fachbegriffe Lesen

Absatz	Ein Absatz ist ein zusammenhängendes Textstück. Nach einer Unterbrechung wird in einer neuen Zeile weitergeschrieben. Ein Text kann aus mehreren Absätzen bestehen.
Autorin/Autor	Person, die sich einen Text ausdenkt und schreibt. Sie heißt auch Schriftstellerin und Schriftsteller.
Blog	Ein öffentliches Tagebuch im Internet nennt man Blog.
Buchillustration	Bilder in Büchern nennt man Illustrationen.
E-Book	E-Books sind elektronische Bücher, die z. B. auf Tablets oder E-Book-Readern gelesen werden können.
Einband	Der Umschlag oder auch die Umschlagklappe eines Buches heißt Einband. Darauf ist z. B. der Titel zu lesen. Der Einband schützt das Buch und hält die Seiten zusammen.
Fußnote	Eine Fußnote ist eine Anmerkung zu einem Wort, einer Wortgruppe oder einem Satz im Text. Sie steht unter dem Text.
Inhalts-verzeichnis	Im Inhaltsverzeichnis stehen die Kapitelüberschriften und die dazugehörigen Seitenzahlen.
Kapitel	Bücher bestehen oft aus mehreren Kapiteln. Jedes Kapitel hat meist ein anderes Thema.
Klappentext	Er steht meist auf der Umschlagklappe oder auf der Rückseite eines Buches. Der Klappentext fasst den Inhalt kurz zusammen.
Medium	Es gibt elektronische Medien (z. B. Radio, Smartphone) und Printmedien (z. B. Zeitungen, Bücher). Medien dienen zur Informationsweitergabe, Unterhaltung und Kommunikation.
Recherche/ recherchieren	Wer sich über etwas genau informiert, recherchiert oder führt eine Recherche durch.
Reim	Wörter mit ähnlichem Klang reimen sich oft (z. B. alt – kalt).

Zur ISBN: 978-3-12-300623-4 Piri 4 Arbeitsheft, Fachbegriffe Lesen

Spalte	Texte auf einer Seite können in mehrere Spalten aufgeteilt sein. Die Spalten stehen nebeneinander. Texte in Zeitungen und Zeitschriften sind meist in Spalten angeordnet.
Strophe	Ein Abschnitt in einem Lied oder in einem Gedicht heißt Strophe. Eine Strophe besteht aus mehreren Versen.
Textarten	Es gibt erzählende und poetische Texte (z. B. Märchen, Gedichte), sachliche Texte (auch Schaubilder und Tabellen) und Gebrauchstexte (z. B. Rezepte, Anleitungen). Textarten haben typische Merkmale und unterschiedliche Funktionen.
Titel	Der Titel eines Buches ist so etwas wie der Name oder die Überschrift des Buches.
Überschrift	Die Überschrift steht über einem Text und soll auf den Text neugierig machen.
Verlag	In einem Verlag werden z. B. Zeitschriften und Bücher geschrieben und erstellt.
Vers	Die einzelnen Zeilen eines Gedichtes heißen Verse.
www	Abkürzung für „World Wide Web“. Dieses weltweite Netz ermöglicht es, multimediale Inhalte auszutauschen.
Zeile	Wörter, die in einem Text in einer Reihe stehen, bilden gemeinsam eine Zeile.

Piris Lernwörtertraining

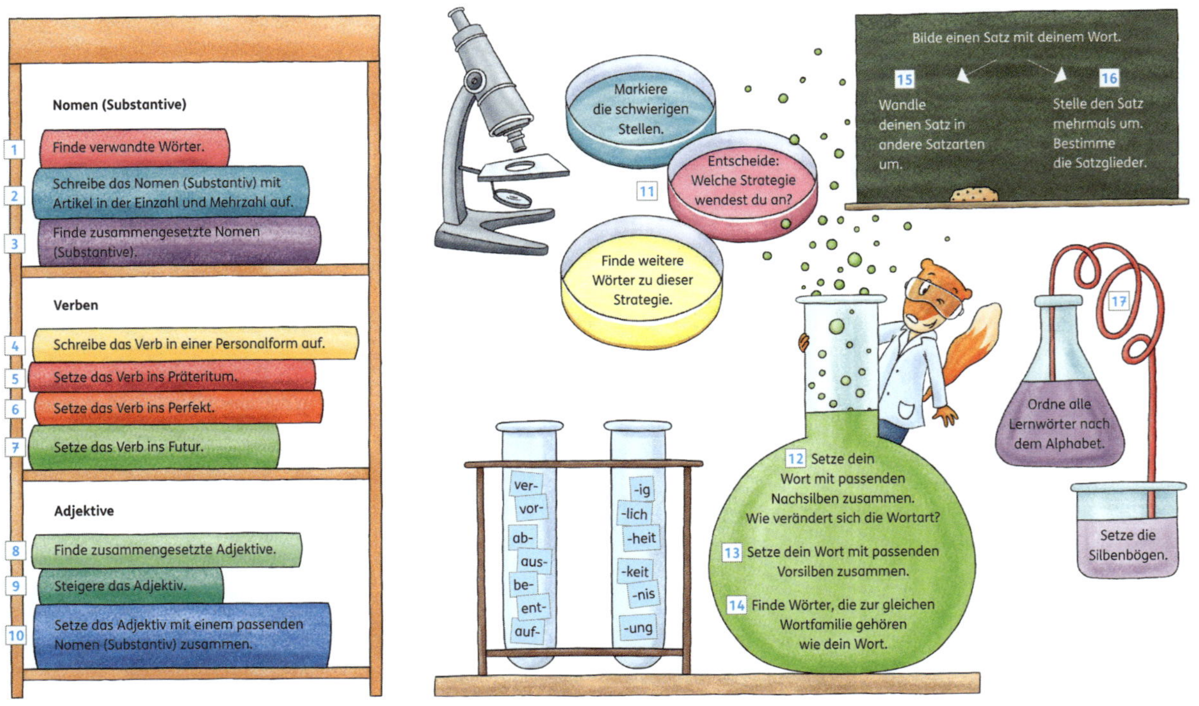

Piris Leseschlüssel

Zur ISBN: 978-3-12-300623-4 Piri 4 Arbeitsheft, Fachbegriffe Sprache
Illustratorin: Anke Fröhlich, Leipzig

Informationen aus einem Schaubild entnehmen

Das Treibhausgas Kohlendioxid

Der Mensch ist einer der größten Verursacher von Kohlendioxid, auch CO_2 genannt. Kohlendioxid ist ein Treibhausgas.
Bei folgenden Tätigkeiten wird unter anderem CO_2 produziert:

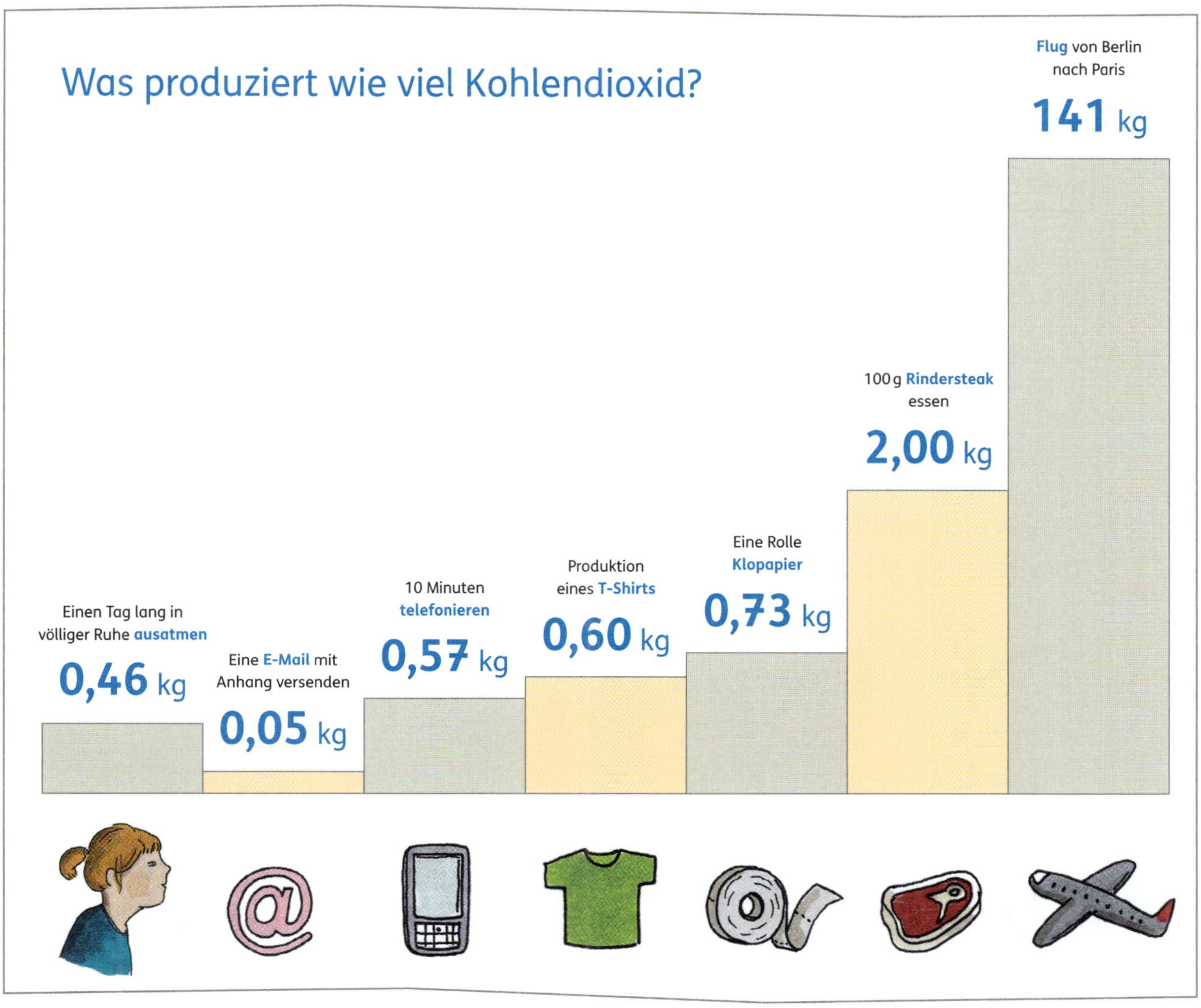

○ **1** Welche Informationen kannst du aus dem Sachtext entnehmen? Berichte.

◒ **2** Überlege und begründe, warum manche Tätigkeiten sehr viel oder eher wenig Kohlendioxid produzieren. Schreibe so: *Eine E-Mail mit Anhang versenden produziert sehr wenig Kohlendioxid, weil …*

● **3** Wie könnte deine Familie ihren CO_2-Ausstoß verringern? Erkläre und begründe in Stichpunkten.

___

___

___

→ SB S. 120

Lernwörter-Check

7

der Schreck – die Schrecke   erschrecken – erschreckt – erschreckten
das Stück – die Stücke   zurück   glücklich – glücklicher – am glücklichsten
verstecken – versteckt – versteckten   gern   gestern   morgen
das Glück   merken – merkt – merkten

8

tanken – tankt – tankten   der Laib – die Laibe   die Flasche – die Flaschen
nur   sein – seinem – seinen   der Käfer – die Käfer   der Käfig – die Käfige
das Märchen – die Märchen

○ **1** Lass dir die Lernwörter der Wörterkisten 7 und 8 diktieren.

◒ **2** Kontrolliere. Verbessere Fehler.

○ **3** Welche Lernwörter waren schwierig für dich?
Markiere sie in den Wörterkisten.

● **4** Bereite dich mithilfe des roten Fadens auf ein Lerngespräch vor.
Überlege und kreuze an:

Wie sicher konntest du deine Lernwörter schreiben?
Schätze dich ein.

Welche Strategien helfen dir, die schwierigen Wörter richtig zu schreiben? Begründe.

Wie möchtest du weiterüben? Erkläre.

● **5** Führt ein Lerngespräch.
Verwendet den roten Faden und tauscht euch aus.

◒ **6** Ergänze deine Wörterkartei.
Nimm Wörter auf, die du in diesem Kapitel falsch geschrieben hast oder die dir besonders wichtig sind. Übe sie.

S. 16–19

Bist du fit?

1 Kreuze an, was stimmt.

- [ ] Das **r** nach einem Vokal ist oft schwer hörbar.
- [ ] Das **r** vor einem Vokal ist oft schwer hörbar.
- [ ] Das **r** ist immer schwer hörbar.
- [ ] Das **r** nach den Vokalen e, i, o, u klingt oft wie ein a.

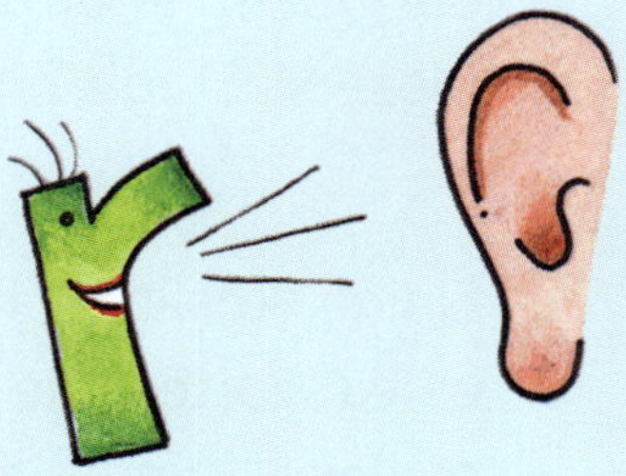

2 Unterstreiche die Zeit- und Ortsangaben mit unterschiedlichen Farben.

Tian und Lotta gehen am Mittwoch ins Kino. Sie treffen sich um 15 Uhr vor dem Kino. Die Kinokarten hat Lottas Mutter bereits am Samstag im Internet bezahlt. Die beiden Freunde kaufen sich noch eine Tüte Popcorn und gehen dann in den Kinosaal. Sie schauen einen Abenteuerfilm. Dieser spielt auf einer Pirateninsel. Der Film dauert zwei Stunden.

3 Setze den unbestimmten Artikel **ein/eine** in der richtigen Form ein.

Tim und Paul finden __________ Leiterin ihrer Umweltgruppe in der Nachmittagsbetreuung cool. Sie zeigt ihnen in __________ Klassenzimmer oft tolle Experimente zur Klimaerwärmung. Am besten gefallen ihnen jede Woche die Ausflüge in __________ Naturschutzgebiet. Sie brauchen jeden Helfer im Wald. Manchmal beobachten sie __________ Tier. Auf __________ Feldweg haben sie letzten Dienstag __________ verletzten Vogel gefunden.

4 **Ihm** oder **ihn**? Trage richtig ein.

Lorenz hat morgen Geburtstag. Ich möchte __________ ein schönes Geschenk kaufen.
Peter ist auf dem Fußballplatz. Hast du __________ gesehen?
Wo kann ich __________ finden?
Ich finde meinen Schlüssel nicht. Gestern habe ich __________ in die Schale gelegt.

Vorsilben und Nachsilben

Mithilfe von Nachsilben kannst du die Wortart eines Wortes verändern:
die Pracht → prächt**ig**, tapfer → die Tapfer**keit**.
Diese Strategie hilft dir: **Wortbausteine**.

Einige Vorsilben, Nachsilben und Endungen verändern die Bedeutung eines Wortes. Die Wortart bleibt dabei meistens gleich:
stellen → **vor**stellen, die Zeit → die Zeit**ung**.

vor | zahl | en | ung | fahr | be | zeig | er | bar

1 Bilde mit den Wortbausteinen möglichst viele Wörter.

2 Vergleicht die Wörter von Aufgabe 1. Diskutiert, ob es die Wörter, die ihr gefunden habt, wirklich gibt und was sie bedeuten.

3 Trage die gefundenen Wörter in eine Tabelle ein. Schreibe so:

Vorsilbe	Wortstamm	Nachsilbe/Endung
be	*zahl*	*bar*
	Zeig	*er*

4 Bestimme bei den Wörtern von Aufgabe 1 die Wortart.
Unterstreiche mit verschiedenen Farben.

5 Ergänze bei jedem Wort passende Wortbausteine, sodass sich zuerst die Bedeutung verändert und dann die Wortart. Unterstreiche die Wortbausteine.
Schreibe so: *holen – abholen – Abholer*

holen | Glück | stellen | aufmerksam | kaufen

→ SB S. 138

Zusammengesetzte Adjektive

Zusammengesetzte Adjektive können unterschiedlich gebildet werden:

Nomen (Substantiv) + Adjektiv	**Verb + Adjektiv**	**Adjektiv + Adjektiv**
das Haus + hoch	schreiben + faul	hell + blau
haushoch	schreibfaul	hellblau

Mit zusammengesetzten Adjektiven kannst du **anschaulich und genau** beschreiben.
Du schreibst sie wie alle Adjektive **klein**.

○ **1** Bilde mit den Bildern und Adjektiven in den Sätzen zusammengesetzte Adjektive.
Schreibe sie auf.

Landbesitzer waren im Mittelalter reich.

Landbesitzer waren im Mittelalter ______________________.

Im Burggarten fand man weiche Birnen.

Im Burggarten fand man ______________________ Birnen.

Die Rüstung ist neu.

Die Rüstung ist ______________________.

● **2** Lest die Sätze von Aufgabe 1.
Überlegt, welche Wirkung die zusammengesetzten Adjektive haben.

● **3** Bilde zusammengesetzte Adjektive.
Verwende **rot**, **schön**, **frei**, **süß** und **schwer**.

○ **4** Unterstreiche in deinen Wörtern aus Aufgabe 3 Nomen, Verben und Adjektive mit verschiedenen Farben.

◒ **5** Schreibe Sätze mit deinen Wörtern von Aufgabe 3.

→ SB S. 139

Zeitform Futur

○ **1** Auf welche Aufgaben wurden die Mädchen vorbereitet? Unterstreiche.

Nur die Söhne eines Adeligen konnten Ritter werden.
Töchter wie Matilde von Tannenfels dagegen wurden auf ihre Aufgabe als Burgherrin vorbereitet:
Sie lernten, wie man den Haushalt führte, wie man den Dienstboten Anweisungen gab und wie man Kinder erzog.
Sie übten das Musizieren und Handarbeiten.
Oft erhielten die Mädchen auch Unterricht im Lesen und Schreiben. Außerdem mussten sie sich mit Heilkräutern auskennen. Im Alter von etwa zwölf bis fünfzehn Jahren heirateten sie. Dann folgten die jungen Burgherrinnen ihrem Mann auf seine Burg.

◒ **2** Schreibe in der Zeitform Futur auf, was Matilde erzählt haben könnte:
Ich werde lernen, …

◒ **3** Matilde hat in den kommenden Tagen viel vor. Schreibe Sätze.
Verwende dabei unterschiedliche Möglichkeiten, die Zukunft auszudrücken.

heute Nachmittag sticken mit meiner Mutter | Turnier besuchen am Samstag | übermorgen auf den Markt gehen | reiten üben | Heilkräuter sammeln

◒ **4** Unterstreiche in deinen Sätzen die Wörter, die ausdrücken, dass das Ereignis erst in der Zukunft stattfindet.

→ SB S. 140

Bildliche Redensarten

Viele Redensarten gibt es seit dem Mittelalter. Sie entstanden meist bei Turnieren oder Kämpfen. Während die Sätze damals wörtlich gemeint waren, benutzen wir sie heute im übertragenen Sinn. Das bedeutet, sie haben ihre ursprüngliche Bedeutung verloren und werden in einem ganz anderen Zusammenhang verwendet.

◒ **1** Nummeriere jeweils die Redensart und ihre heutige Bedeutung mit derselben Zahl.

- ◯ sich aus dem Staub machen
- ◯ fest im Sattel sitzen
- ◯ sich seine Sporen verdienen
- ◯ für jemanden eine Lanze brechen

- ◯ sich für jemanden einsetzen
- ◯ sich erst beweisen müssen
- ◯ schnell verschwinden
- ◯ eine sichere Position haben und sich gegenüber anderen behaupten

◒ **2** Lies die Texte mit den Erklärungen.
Ordne sie den Redensarten und ihren Bedeutungen von Aufgabe 1 zu.

Sporen sind Eisen, die an den Fersen angemacht wurden, um das Pferd anzutreiben. Der junge Ritter erhielt die Sporen beim Ritterschlag. Zuvor musste er viel lernen und arbeiten. ◯

Bei Ritterturnieren galoppierten die Gegner bewaffnet aufeinander zu. Wenn ein Ritter fest im Sattel saß, gelang es dem Gegner nicht, ihn vom Pferd zu stoßen. ◯

Wenn ein Ritter bei einem Turnier gestürzt oder verletzt war, sah er zu, dass er durch den Staub des Kampfes schnell davonkam, um nicht zertrampelt zu werden. ◯

Oft kämpften Ritter nicht für sich selbst, sondern für eine Dame oder einen Adeligen. Es ging um das Ansehen oder die Ehre. Im Kampf zerbrachen häufig die Lanzen der Ritter. ◯

● **3** Informiert euch über die Redensarten. Was bedeuteten sie ursprünglich? Wie verwenden wir sie heute? Notiert.

jemandem auf die Füße helfen | etwas ist hieb- und stichfest | im Zaum halten

→ SB S. 141

Wörter mit gleichem oder ähnlichem Wortstamm

○ **1** Unterstreiche alle Verben im Text.

Puppentheater

Im Mittelalter gab es an Markttagen große Feste. Oft kamen dorthin auch Puppenspieler, die mit ihren Marionetten von Stadt zu Stadt zogen. Sie brachten jedes Mal neue Geschichten mit. Vor allem die Kinder dachten tagelang an nichts anderes mehr. Bei der Vorstellung halfen sie dem Kasperl beim Kampf gegen die böse Hexe. Dabei saßen die Kinder meistens auf dem Boden. Die Bühne stand etwas erhöht auf einem Tisch.

◒ **2** Trage die Verben aus dem Text richtig in die Tabelle ein. Verwende die Er-Form.

Präsens	Präteritum	Perfekt

◒ **3** Ergänze die Verbformen in den übrigen Spalten der Tabelle. Vergleiche mit einem anderen Kind.

○ **4** Markiere in den Verbformen Vokale, die sich verändern.

◒ **5** Bei welchen beiden Verben ändert sich auch in der Grundform der Vokal? Unterstreiche sie in der Tabelle. Schreibe die Grundformen auf.

____

◒ **6** Stellt Wortfamilien zu den Verben zusammen. Markiert Vokale, die sich verändern.

→ SB S. 143

Eine Spielanleitung verfassen

„Fuchs und Gänse“ ist ein mittelalterliches Strategiespiel.
Um das Jahr 1000 war es in ganz Europa verbreitet.

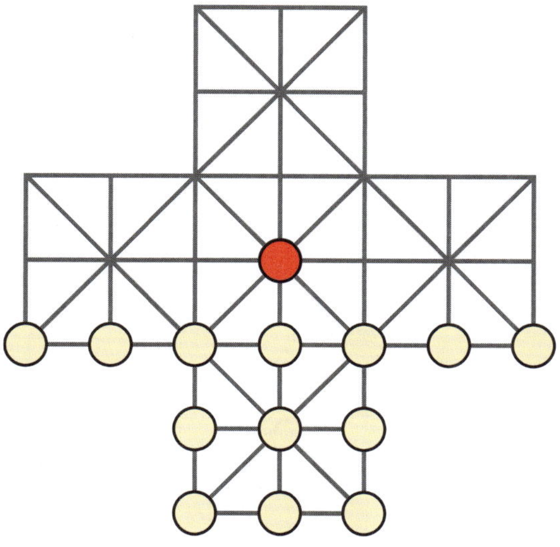

Anzahl der Mitspieler:
zwei
(ein Kind spielt den Fuchs, das andere die Gänse)

Spielmaterial:
- Spielfeld
- ein roter Spielstein (Fuchs)
- 13 weiße Spielsteine (Gänse)

Spielvorbereitung:
- Spielsteine wie auf dem Bild auf das Spielfeld legen

Ziel des Spiels:
- für den Fuchs: die Gänse aus dem Feld zu werfen
- für die Gänse: den Fuchs einzukreisen

Spielregeln: ◯
- Fuchs und Gänse bewegen abwechselnd ihre Spielsteine.
- Bei jedem Zug darf ein Spielstein ◯ auf den nächsten freien Punkt gezogen werden.
- Wenn hinter einer Gans ein Punkt frei ist, kann der Fuchs sie überspringen und aus dem Spiel werfen. ◯

Spielende:
- Der Spieler mit den Gänsen gewinnt, wenn er den Fuchs so einkreist, dass dieser nicht mehr ziehen kann.
◯

◒ **1** Oben wurden einige Informationen vergessen.
Male die Kreise in den unterschiedlichen Farben an.

◯ Der Spieler mit dem Fuchs gewinnt, wenn er so viele Gänse aus dem Spiel geworfen hat, dass diese ihn nicht mehr einkreisen können.

◯ senkrecht, waagerecht oder diagonal

◯ Es beginnen die Gänse.

◯ Dieser Zug darf mehrmals hintereinander ausgeführt werden.

◒ **2** Wie funktioniert das Spiel „Fuchs und Gänse“? Erklärt.

○ **3** Erstellt den Spielplan und spielt das Spiel.

● **4** Verfasse aus den Informationen zum Spiel „Fuchs und Gänse“ eine ausführliche Spielanleitung.

❀ **5** Sucht und sammelt weitere Spielanleitungen aus dem Mittelalter.

→ SB S. 144

Wortarten bestimmen

Tischsitten

Bei einem Festmahl im Mittelalter ging es ganz anders zu, als wir das heute kennen. Da das Benehmen bei Tisch oft sehr schlecht war, wurden besondere Regeln aufgestellt.

○ **1** Welche Tischregeln sind heute noch gültig? Besprecht.

◒ **2** Bestimme die Wortart folgender Wörter aus dem Text. Schreibe dazu, wie du sie herausgefunden hast.

SCHNÄUZEN ____________________

REINES ____________________

GEWAND ____________________

PUHLEN ____________________

◒ **3** Welche Tischsitte würdest du ergänzen? Notiere in BLOCKSCHRIFT.

____

____

● **4** Bestimmt bei Aufgabe 3 die Wortart möglichst vieler Wörter. Unterstreicht in verschiedenen Farben.

 → SB S. 145

Mit Adjektiven vergleichen

Man schätzt, dass im Mittelalter knapp 20 000 Burgen errichtet wurden. Von ihnen sind immerhin noch 6 500 vollständig erhalten. Meist aber sind nur noch Burgruinen übrig.

Paul und Marie haben diese Informationen im Internet gefunden.

Wartburg:
- wird von Experten als wichtigste Burg Deutschlands bezeichnet

Burg zu Burghausen:
- längste Burg der Welt
- 1051 m

Burg Meersburg:
- älteste bewohnte Burg Deutschlands
- erbaut 630

Reichsburg Kyffhausen:
- tiefster Burgbrunnen Deutschlands
- 176 m

Wasserburg Niederroßla:
- höchster Bergfried Deutschlands
- 57 m

○ **1** Unterstreiche die Adjektive.

◒ **2** Bilde zu den Adjektiven aus Aufgabe 1 alle drei Steigerungsstufen. Trage sie in die Tabelle ein.

Grundstufe	Mehrstufe	Meiststufe

● **3** Entscheidet euch für zwei Burgen. Recherchiert und schreibt Sätze mit Vergleichen auf.

→ SB S. 146

Ortsbeschreibung

Vor allem aber ging Trenk jetzt jeden Tag in den Wald. Du erinnerst dich sicher, dass die Wälder damals finster und gefährlich und voller wilder Tiere waren, und ein Junge, der einmal ein mutiger Ritter werden wollte, musste darum ganz unbedingt zuerst lernen, ohne Angst durch den Wald zu streifen. Kaum hatte er den Fuß des Burgbergs erreicht und den schmalen Pfad betreten, der ihn mitten hinein in den finsteren Wald führen sollte, da bekam er einen gewaltigen Schrecken. „Thekla“, sagte Trenk. „Was machst du denn hier!“ „Komm mit“, flüsterte sie und gab ihm ein Zeichen, damit er ihr nachkommen sollte. Dann führte sie ihn noch ein paar Schritte tiefer in den Wald, dorthin, wo sein Dickicht so düster und dunkel und undurchdringlich schien, dass Trenk sicher war, hier hätte niemals ein Mensch seinen Fuß hingesetzt. „Aber das ist ja ein Geheimgang!“, flüsterte Trenk. „Hinter einem Busch! Ein Geheimgang hoch auf die Burg!“

○ **1** Unterstreiche alle Textstellen, die den Wald beschreiben.

● **2** Wieso freute sich Trenk trotzdem immer auf die Stunden im Wald? Vermute.

____

____

● **3** Bestimmt hast auch du einen Ort, an dem du gerne bist.
Erstelle eine Mindmap zu deinem Lieblingsort.

Diese Fragen können dir helfen:
- *Wo befindet sich dein Lieblingsort?*
- *Was machst du dort am liebsten?*
- *Was kannst du sehen, riechen, hören und fühlen?*

◒ **4** Schreibe einen Text über deinen Lieblingsort.

→ SB S. 148

Sinnbetont vorlesen

So kannst du einen Text sinnbetont vorlesen:

1. Es ist wichtig, dass du den Inhalt und den Sinn des Textes, den du vorlesen möchtest, gut verstehst. Lies den Text deshalb mehrmals durch und kläre unbekannte Wörter.
2. Baue Lesehilfen ein:
   - Unterstreiche Wörter, die du beim Vorlesen besonders hervorheben möchtest.
   - Setze bei längeren oder schwierigen Wörtern Betonungszeichen: *Fitzelchen*
   - Markiere kurze Pausen mit einem / und lange Pausen mit zwei // Strichen.
   - Verbinde zusammengehörende Wörter mit einem Bogen.
3. Verwende deine Stimme abwechslungsreich.
4. Übe den Text laut.

○ **1** Lies den Text leise. Kläre unbekannte Wörter.

Wie Trenk das Ritterfräulein Thekla kennengelernt hat

„Aber bevor das Mahl beginnt“, sagte der Burgherr vom Hohenlob jetzt zu Trenk, „will ich dich doch noch meiner Tochter vorstellen.“ Dann rief er: „Thekla! Thekla!“, und nachdem sie eine ganze Weile gewartet hatten, kam endlich ein Mädchen durch die Tür, das war fast haargenau so groß wie Trenk oder vielleicht nur gerade ein winziges bisschen größer. „Ihr habt mich gerufen, Herr Vater“, sagte sie mürrisch. Sie trug ein Kleid aus dem wunderschönsten Samt und eine Schärpe aus der glänzendsten Seide; aber das Kleid hatte einen großen Fleck auf dem Rock und die Schärpe hatte einen tiefen Riss, und im Gesicht war das Mädchen so schmutzig, wie Trenks Mutter Martha seine kleine Schwester Mia-Mina niemals hätte herumlaufen lassen. „Thekla!“, rief der Ritter erschüttert. „Wie siehst du denn schon wieder aus! Du solltest doch sticken üben und Harfe spielen! Wo bist du gewesen?“ „Im Pferdestall, gütigster Herr Vater!“, sagte das Mädchen trotzig. „Im Pferdestall, im Pferdestall!“, rief ihr Vater verzweifelt. Er seufzte und zeigte auf Trenk. „Dies ist dein lieber Vetter Trenk vom Tausendschlag“, sagte er, „der von nun an bei uns leben und ein tüchtiger Ritter werden wird. Gib ihm die Hand.“ „Ich denk ja gar nicht daran!“, rief Thekla.

Kirsten Boie

◒ **2** Baue die Lesehilfen aus dem Kasten ein.

◒ **3** Übe mit dem Text das sinnbetonte Vorlesen.

◒ **4** Lest den Text sinnbetont vor. Gebt euch Rückmeldung.

→ SB S. 149

Lernwörter-Check

9

das Band – die Bänder uns – unserem – unseren
die Hand – die Hände werden – wird – wurden liegen – liegt – lagen
steigen – steigt – stiegen

10

schneiden – schneidet – schnitten geben – gibt – gaben
werfen – wirft – warfen gerade der Christ – die Christen
tragen – trägt – trugen der Fuchs – die Füchse links das Taxi – die Taxis
der Text – die Texte sechs

○ **1** Lass dir die Lernwörter der Wörterkisten 9 und 10 diktieren.

◒ **2** Kontrolliere. Verbessere Fehler.

○ **3** Welche Lernwörter waren schwierig für dich?
Markiere sie in den Wörterkisten.

● **4** Bereite dich mithilfe des roten Fadens auf ein Lerngespräch vor.
Überlege und kreuze an:

Wie sicher konntest du deine Lernwörter schreiben?
Schätze dich ein.

Welche Strategien helfen dir, die schwierigen Wörter richtig zu schreiben? Begründe.

Wie möchtest du weiterüben? Erkläre.

● **5** Führt ein Lerngespräch.
Verwendet den roten Faden und tauscht euch aus.

◒ **6** Ergänze deine Wörterkartei.
Nimm Wörter auf, die du in diesem Kapitel falsch geschrieben hast oder die dir besonders wichtig sind. Übe sie.

S. 20–21

Bist du fit?

1 Verändere die Wörter durch Wortbausteine, sodass sich jeweils einmal die Wortart und einmal die Bedeutung verändert.

waschen → ______________________ → ______________________

Glück → ______________________ → ______________________

2 Bilde zusammengesetzte Adjektive. Ordne zu.

blau | klein | kalt | bereit

süß | bitter | Zucker | fahren | Himmel | laut

Nomen + Adjektiv: ______________________

Verb + Adjektiv: ______________________

Adjektiv + Adjektiv: ______________________

3 Setze die Sätze in die Zeitform Futur.
Nutze verschiedene Möglichkeiten, die Zukunft auszudrücken.

Gutfried nimmt an einem Turnier teil. Er trägt eine glänzende Rüstung.

____

____

4 Stelle eine Wortfamilie mit dem Wortstamm **zieh** zusammen.
Finde Beispiele, bei denen sich der Vokal im Wortstamm ändert.

____

____

5 Trage die fehlenden Vergleichsformen in die Tabelle ein.

Grundstufe	Mehrstufe	Meiststufe
so hoch wie		
		am besten
so freundlich wie		
	mehr als	

Sprachen der Erde

◒ **1** Woher kommen die Kinder? Schreibe Sätze.

____

____

____

____

____

____

○ **2** Schreibe die deutschen Namen mit Artikel auf.

the house
la maison
la casa
a casa

the sun
le soleil
el sol
o sol

the flower
la fleur
la flor
a flor

______________ ______________ ______________

❀ **3** Male die Flaggen von Kanada, Südafrika, Japan und Brasilien. Recherchiere.

 → SB S. 164

Unterscheidung das – dass

So kannst du „das“ und „dass“ unterscheiden:
Wenn du **das** durch die Wörter **dieses, jenes** oder **welches** ersetzen kannst, dann muss es **das** heißen. Wenn nicht, dann schreibe **dass**.
Das Wort **dass** gehört zu den **Bindewörtern**.

◒ **1** Setze fünfmal **dass** und dreimal **welches** ein.

Maria besorgt sich ein Buch, __________ viele interessante Informationen über Nepal enthält. Sie erfährt beispielsweise, __________ dieses Land zum größten Teil aus Gebirgen besteht. Sie liest auch, __________ der größte Berg dieses Landes der Mount Everest ist. Die beeindruckende Bergwelt ist einer der Gründe, __________ viele Touristen gerne in Nepal Urlaub machen. Ein anderer Grund ist die interessante Kultur des Landes. Die Hauptstadt Nepals ist Kathmandu, __________ wegen seiner vielen hinduistischen Tempel weltberühmt ist. Viele Menschen in Nepal sind strenggläubig. Hunde sind in Nepal wichtige Tiere. Man glaubt, __________ Hunde Unglück von den Häusern fernhalten. Auch Kühe und Krähen werden verehrt. Viele Geschichten in Nepal handeln vom Yeti, dem Schneemenschen. Er ist ein Wesen, __________ zwei bis drei Meter groß ist, mehr als 200 Kilogramm wiegt und sehr große Füße hat. Manche glauben, __________ er einem Affen ähnlich sieht.

○ **2** Schreibe alle Sätze mit **welches** in dein Heft.
Ersetze dabei das Wort **welches** durch das Wort **das**.

● **3** Erfinde selbst je zwei Sätze mit **das** und zwei Sätze mit **dass**.

→ SB S. 164

Fremdwörter

1 Markiere die Fremdwörter im Text.

Die Klasse 4a initiiert in der letzten Schulwoche eine Ausstellung über Länder der Erde in der Aula. Mehrere Klassen beteiligen sich mit großem Engagement. Max, Tim und Julia übernehmen die Koordination. Mit Flyern wird für das Projekt geworben. Das Interesse ist groß und viele Schülerinnen und Schüler wollen mit eigenen Beiträgen teilnehmen. Einige Stellwände werden aufgestellt. Daran werden Landkarten, Illustrationen und Texte kunstvoll arrangiert, um die Länder der Welt möglichst umfassend vorzustellen.

2 Trage die Fremdwörter in die erste Spalte der Tabelle ein.
Schlage ihre Bedeutung nach oder recherchiere im Internet. Schreibe sie dazu.

initiieren	

3 Spielt das Spiel „Genial daneben“.

Du brauchst ein Fremdwörterlexikon oder das Internet, kleine Zettel, Stifte und mindestens vier Leute. Und schon geht’s los.
Ein Kind sucht sich ein möglichst unbekanntes Wort aus, liest es laut vor und schreibt die Erklärung aus dem Lexikon oder dem Internet verdeckt auf. Nun schreiben alle Mitspielenden eine eigene Erklärung für das Wort auf.
Anschließend werden die Zettel gemischt und das erste Kind liest nacheinander die Erklärungen vor. Jetzt wird abgestimmt: Welches war die lustigste Erklärung? Welche hat gestimmt?
Wer die richtige Erklärung erraten hat, bekommt 5 Punkte. Wer die meisten Stimmen für die lustigste Antwort bekommen hat, erhält ebenfalls 5 Punkte.
Dann kommt das nächste Kind mit dem Heraussuchen eines Wortes an die Reihe. Das Spiel endet, wenn alle einmal an der Reihe waren. Wer am Ende die meisten Punkte gesammelt hat, hat gewonnen.

→ SB S. 165

Vorgangsbeschreibung: Papierflieger falten

So verfasst du eine Vorgangsbeschreibung:
1. Benenne notwendige Materialien.
2. Bringe die einzelnen Arbeitsschritte in die richtige Reihenfolge.
3. Drücke die zeitliche Abfolge durch entsprechende Wörter aus: zuerst, danach, zum Schluss …
4. Beschreibe den Vorgang knapp und sachlich.
5. Verwende die Zeitform Präsens.
6. Schreibe in der Du- oder Man-Form.

● **1** Baue den Flieger mithilfe der Bilder nach.

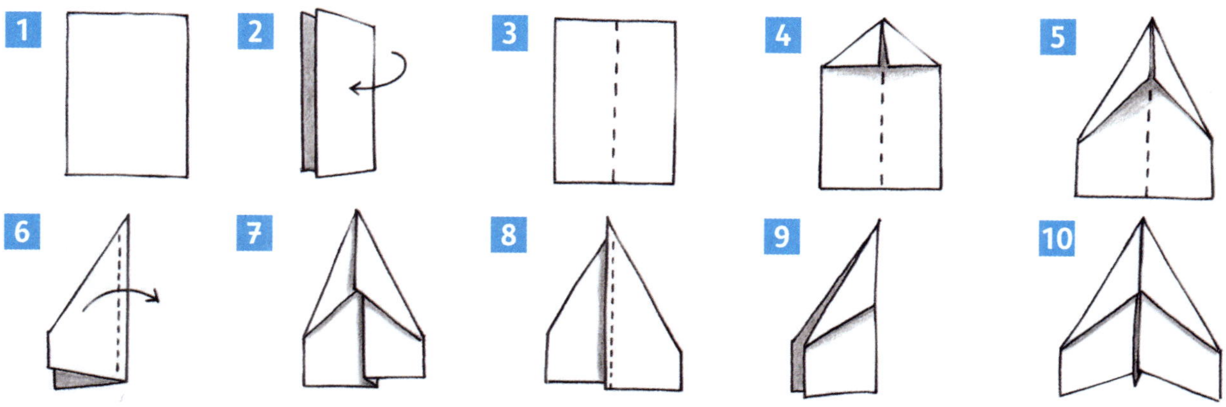

◒ **2** Nummeriere die Stichpunkte in der Reihenfolge der einzelnen Arbeitsschritte.

☐ den ganzen Flieger wenden

☐ genau in der Mitte von oben nach unten falten

☐ Papier hochkant und glatt hinlegen

☐ obere Ecken rechts und links schräg bis zur Mittellinie einfalten

☐ obere schräge Faltkanten noch einmal schräg rechts und links bis zur Mittellinie falten

☐ die rechte Tragfläche des zusammengeklappten Fliegers nach außen umklappen, dabei 1 cm Kante stehen lassen

☐ mittig gefaltetes Papier wieder aufklappen

☐ die zweite Tragfläche des Fliegers ebenfalls zur anderen Seite umklappen, dabei 1 cm Kante stehen lassen

☐ die rechte Hälfte des Fliegers auf die linke Hälfte klappen

☐ den Flieger auffalten und fliegen lassen

● **3** Wie faltest du einen Papierflieger? Verfasse eine genaue Vorgangsbeschreibung. Beachte dabei die Schreibtipps im blauen Kasten.

● **4** Überarbeite deine Vorgangsbeschreibung mit einem anderen Kind.

→ SB S. 166

Eine Fantasiegeschichte schreiben

So schreibst du eine interessante Fantasiegeschichte:
- Tiere, Dinge oder Fantasiewesen können in einer Fantasiegeschichte sprechen.
- Lass dich durch Reizwörter, Bilder, Musik oder anderes anregen. Lass deine Gedanken wandern.
- Sammle deine Ideen und plane mit einem roten Faden.
- Beachte den richtigen Aufbau: Ausgangssituation, Wendepunkt, besonderes Ereignis, Rückkehr zur Ausgangssituation.
- Schreibe und gestalte abwechslungsreich.
- Halte die Zeitform ein.
- Schreibe deine Geschichte immer aus der gleichen Sicht, z. B. in der Ich-Form oder in der Er-Form.

● **1** Sammle Ideen zum Bild. Notiere.

Wer sind die Figuren?

____

____

____

Wohin fliegen sie?

____

____

____

Was erleben die Kinder mit dem Drachen?

____

____

____

◒ **2** Lass deine Gedanken wandern.
Notiere weitere Ideen und plane deine Geschichte mit einem roten Faden.

● **3** Schreibe mithilfe des roten Fadens eine interessante Fantasiegeschichte.
Beachte dabei die Schreibtipps im blauen Kasten.

● **4** Überarbeite deine Fantasiegeschichte mit einem anderen Kind.

→ SB S. 170/171

Mehrfach zusammengesetzte Wörter

Wörter können mehrfach zusammengesetzt sein.
Am Wortstamm hängen dabei ein oder mehrere vorangestellte beziehungsweise nachgestellte Wortbausteine.
Natur|er|schein|ung → Naturerscheinung, un|be|schreib|lich → unbeschreiblich
Diese Strategie hilft dir: **Wortbausteine**.

1 Bilde aus Verben sowie Wortbausteinen möglichst viele mehrfach zusammengesetzte Wörter. Schreibe sie auf.

Achte auf die Groß- und Kleinschreibung!

-ung -los -heit aus- -ig -lich un-

fürchten schweigen denken glauben ehren

ver- be- -keit an- -haft -los bar-

2 Kreise in deinen Beispielen jeweils den Wortstamm ein.

3 Lest die mehrfach zusammengesetzten Wörter aufmerksam. Tauscht euch aus. Streicht diejenigen durch, die keinen Sinn ergeben.

unvermittelbar Verantwortlichung Unausgewogenheit Ausweglosigkeit
Unverglaublichkeit beeindrucklich Anschaulichkeit unauslöschhaft
Beispielhaftigkeit Ausgewogenheit ungefährlich unausmerkbar

4 Erfinde selbst sinnvolle und unsinnige Wörter wie bei Aufgabe 3. Lass sie von einem anderen Kind untersuchen. Findet es die unsinnigen?

→ SB S. 172

Verben und Adjektive als Nomen (Substantive)

Verben und Adjektive kannst du als Nomen (Substantive) verwenden.
Dann schreibst du sie groß:
wissen – das Wissen, böse – das Böse, gut – das Gute, süß – das Süße.
Diese Strategie hilft dir: **Groß oder klein?**

1 Bilde aus den Verben auf den Kärtchen Nomen.
Setze sie mit Artikel in den Lückentext ein.

Kadir ist schon ein alter Mann.

Am liebsten sitzt er auf einer Bank am Marktplatz

und beobachtet ____________________.

Kadir freut sich über ____________________ der Kinder.

____________________ der Mütter ärgert ihn.

An Markttagen verfolgt er genau ____________________.

Auch ____________________ der Stände interessiert ihn.

treiben

lachen

schimpfen

handeln

abbauen

2 Bilde aus den fett gedruckten Wörtern Nomen.
Schreibe sie mit Artikel unter jeden Satz.

Ria verkauft auf dem Markt Gewürze und Kräuter.

Sie mag nicht früh **aufstehen**.

____

Doch sie hört den Hahn schon **krähen**.

____

Das ist **schlecht** an ihrer Arbeit.

____

Aber sie liebt es, mit den Leuten zu **handeln**.

____

Das ist **gut** an ihrer Arbeit.

____

3 Formuliere die Sätze von Aufgabe 2 um. Verwende die Nomen.

→ SB S. 173

Ein Haiku schreiben

So ist ein Haiku aufgebaut:
- Es hat drei Zeilen.
- Es besteht meist aus 17 Silben.
  1. Zeile: **fünf** Silben, 2. Zeile: **sieben** Silben, 3. Zeile: **fünf** Silben.
- Die Sätze passen alle zu einem Thema, z.B. Natur, Jahreszeit.
- Es steht in der Zeitform Präsens.

1 Setze Silbenbögen unter die Wörter.

2 Setze aus den Bausteinen ein Haiku zusammen.
Du kannst die Wörter auch verändern oder austauschen.

Wiesen | die Sonne strahlt hell
Sternschnuppen fliegen | Bäume
Wolken | sich im Schatten erholen
grün | Blütenteppich überall | Weg
heiß | Wasserspiele | Badeglück
spielen | sonnen | liegen | schön

Sommer

3 Schreibe ein eigenes Haiku zum Thema Natur.

4 Gestalte dein Haiku.

→ SB S. 175

Gegenüberstellungen

Du kannst Informationen und Zusammenhänge in einem Text durch **Gegenüberstellungen** veranschaulichen. Gegenüberstellungen verdeutlichen Gemeinsamkeiten und Unterschiede. Sie können in Form einer Tabelle oder auch durch Pfeile dargestellt werden.

○ **1** Lies den Text.

Oliven
In Israel wachsen viele Olivenbäume. Sie finden dort ideale Wachstumsbedingungen: gut durchlüftete Kalkböden und ausreichend Wasser. Olivenbäume vertragen keine Temperaturen über 40 Grad und keine Frostperioden. Ein junger Olivenbaum braucht zehn bis zwölf Jahre, bis er erstmals Früchte trägt.
Im Mai tragen die Bäume weiße und gelbe Blüten. Im Oktober erreichen die Früchte ihre endgültige Größe, sind aber noch grün. Mitte November beginnt die Haupterntezeit, die sich bis Februar hinziehen kann. Die Früchte sind dann fast schwarz und haben einen hohen Ölgehalt. Pro Baum können durchschnittlich 30 bis 50 kg Oliven im Jahr geerntet werden. Frisch vom Baum sind Oliven ungenießbar. Die nicht zu Öl verarbeiteten Oliven werden deshalb in einer Lauge behandelt, um die Bitterstoffe herauszuziehen. Anschließend werden sie unter Zugabe von Kräutern in einer Salzlake gelagert.

◒ **2** Fülle die Karteikarte mit Stichpunkten aus.

Oliven

Wachstumsbedingungen: ______________________

____

____

Blütezeit: ______________________

Haupterntezeit: ______________________

Verarbeitung: ______________________

____

____

● **3** Sammle Informationen über Bananenpflanzen und Bananen.

● **4** Stelle die Informationen zu Bananen und Oliven in einer Tabelle gegenüber.

→ SB S. 177

Wörter mit ä und äu

Willst du Wörter mit **ä** oder **äu** sicher richtig schreiben, dann überlege, ob es dazu ein verwandtes Wort mit **a** oder **au** gibt.
Diese Strategie hilft dir: **Ableiten**.

1 Für welche Wörter mit **ä** oder **äu** findest du ein verwandtes Wort mit **a** oder **au**? Markiere.

Käfer Bräutigam Mäppchen
Säugling gläubig
während erklären äußerlich
Käufer gefährlich ähnlich Städte
Gebäude häufig quälen
läuten Lärm Geräusch
säubern Glätte härter schäumen

2 Schreibe das Wort mit einem verwandten Wort auf.

Bräutigam – Braut,

3 Finde zu den Wörtern mehrere verwandte Wörter mit **a** oder **au**.

kläglich: ___

Gewächs: ___

Räuber: ___

belästigen: ___

käuflich: ___

→ SB S. 184

Lernwörter-Check

11

der Arzt – die Ärzte der Ast – die Äste der Saft – die Säfte
der Wagen – die Wagen kaufen – der Verkäufer backen – der Bäcker
das Rad – die Räder lassen – lässt der Wald – die Wälder stark – stärker

12

seit die Wurst – die Würste kurz der Finger – die Finger nichts
gehören – gehört – gehörte das Meer – die Meere das Ding – die Dinge
das Haar – die Haare der See – die Seen der Schnee

○ **1** Lass dir die Lernwörter der Wörterkisten 11 und 12 diktieren.

◒ **2** Kontrolliere. Verbessere Fehler.

○ **3** Welche Lernwörter waren schwierig für dich?
Markiere sie in den Wörterkisten.

● **4** Bereite dich mithilfe des roten Fadens auf ein Lerngespräch vor.
Überlege und kreuze an:

Wie sicher konntest du deine Lernwörter schreiben?
Schätze dich ein.

Welche Strategien helfen dir, die schwierigen Wörter richtig zu schreiben? Begründe.

Aa? M

Wie möchtest du weiterüben? Erkläre.

● **5** Führt ein Lerngespräch.
Verwendet den roten Faden und tauscht euch aus.

◒ **6** Ergänze deine Wörterkartei.
Nimm Wörter auf, die du in diesem Kapitel falsch geschrieben hast oder die dir besonders wichtig sind. Übe sie.

S. 22–25

Bist du fit?

1 Setze **das** oder **dass** richtig ein.

_______ Schuljahr ist nun fast zu Ende. Alle freuen sich, _______ nun bald Ferien sind. Doch _______ die Grundschulzeit vorbei ist, _______ macht die Kinder sehr traurig. Sie beschließen, _______ sie im Herbst alle zusammen ein großes Fest in Hannas Garten feiern wollen. _______ finden auch Hannas Eltern toll und sagen ihre Unterstützung zu.

2 Bilde aus dem Wortstamm der Verben und/oder Vorsilben und Nachsilben mehrfach zusammengesetzte Wörter.

kaufen ______________________________

fahren ______________________________

ahnen ______________________________

3 Bilde aus den Verben und Adjektiven Nomen.

spielen – das ______________ reisen – ______________

weich – ______________ dunkel – ______________

4 Markiere die Fremdwörter und die passende Erklärung in derselben Farbe. Wenn du etwas nicht sicher weißt, recherchiere.

Kraft, Macht, Wirken, Durchsetzungsvermögen

günstige Gelegenheit, also eine Möglichkeit, die sich bietet und bei der man zugreifen sollte

Vorhersage, Vorausschau

Power | Prognose | Aktion | Biografie | Chance | Kooperation

Zusammenarbeit, Zusammenwirken

Tat, Handlung, Wirkung; ein geplantes Vorgehen, um ein Ziel zu erreichen

Lebensgeschichte, Lebenslauf, Lebensaufzeichnung

Regenschirme

Wenn die ersten Tropfen fallen,
lustig auf das Pflaster knallen,
blühen sie wie Blumen auf.

Bunt gestreifte, bunt gefleckte,
bunt getupfte, bunt gescheckte
nehmen fröhlich ihren Lauf.

Seit die ersten Tropfen fielen,
schweben sie auf dünnen Stielen,
leuchtend, schimmernd, rund und glatt.

Bunt gestreifte, bunt gefleckte,
bunt getupfte, bunt gescheckte
Schirme blühen in der Stadt.

Vera Ferra-Mikura

1 Lies das Gedicht laut. Welche Wörter sind dir wichtig?
Unterstreiche sie farbig.

2 Trage das Gedicht vor.
Betone dabei besonders die unterstrichenen Wörter.
Lass dir von einem Kind Rückmeldung geben:

- ☐ Du hast das Gedicht fehlerfrei vorgetragen.
- ☐ Lies genauer. An manchen Stellen sind dir Fehler unterlaufen.
- ☐ Die Stellen, die für dich bedeutsam sind, hast du gut betont.
- ☐ Traue dich, die wichtigen Stellen noch deutlicher zu betonen.

3 Vergleicht eure unterstrichenen Wörter.
Wie verändert sich das Gedicht, wenn du andere Wörter betonst?
Tauscht euch aus.

4 Erstellt eine Aufnahme.

 → SB S. 191

Volksfeste im Herbst

Im Herbst gibt es viele Feste und Traditionen, zum Beispiel das Erntedankfest oder auch Halloween.
In vielen Städten finden auch große Volksfeste statt. Dort kann man Karussell fahren, in Festzelten feiern oder besondere Leckereien wie Zuckerwatte und gebrannte Mandeln essen.

Zu den ältesten Volksfesten in Deutschland gehört der Freimarkt in Bremen. Er geht auf die Gründung eines freien Warenmarktes im 12. Jahrhundert zurück, ist also schon ungefähr 1000 Jahre alt.

Das bei Weitem bekannteste und größte Volksfest in Deutschland ist das Münchener Oktoberfest. Es fand 1810 zum ersten Mal statt und lockt heute jedes Jahr über 6 Millionen Besucher aus aller Welt an.

1 Markiere wichtige Stellen im Text. Erzähle.

2 Welche Herbstfeste gibt es in eurer Umgebung? Tauscht euch aus.

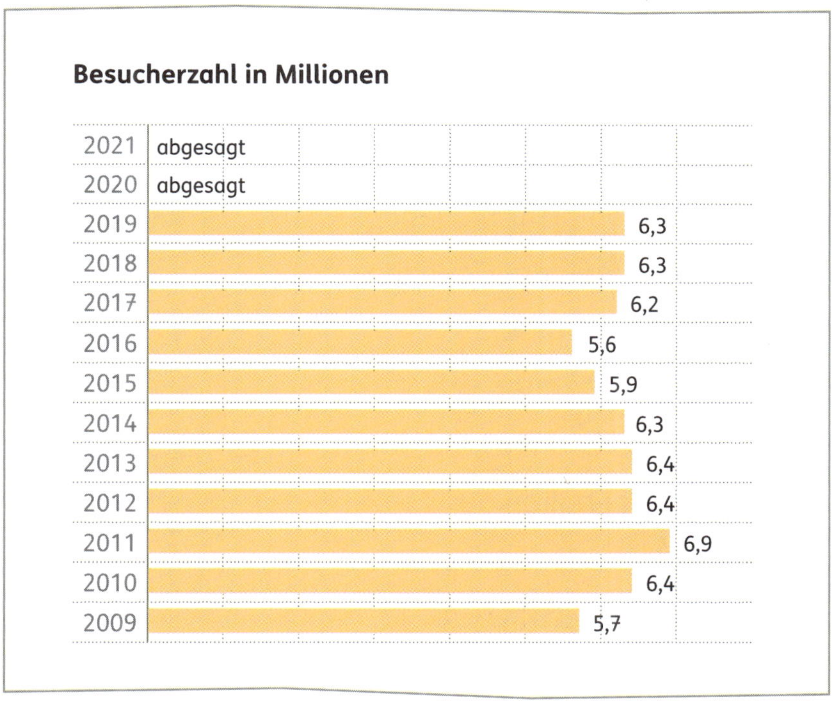

3 In welchem Jahr waren die meisten Besucher auf dem Oktoberfest? Wann waren die wenigsten Besucher da? Umkreise die Säulen mit unterschiedlichen Farben.

4 Was könnten mögliche Gründe für hohe oder niedrige Besucherzahlen sein? Recherchiert.

Die Reise der Pinguine

1 Lies den Text. Kläre unbekannte Wörter.

Woher der Name „Pinguin“ kommt, weiß keiner genau. Das lateinische Wort „penguis“ bedeutet „dick“; der Name könnte aber auch vom walisischen „pen gwyn“, „weißer Kopf“, abstammen. Pinguine leben nur auf der Südhalbkugel der Erde (Antarktis, Südafrika, Neuseeland, Südamerika, Galapagos-Inseln). Obwohl Pinguine Vögel sind, können sie nicht fliegen: Ihre Flügel benutzen sie zum Schwimmen und Tauchen. Die meiste Zeit verbringen Pinguine im Wasser. Manche Pinguine erreichen Geschwindigkeiten von bis zu 50 Stundenkilometern! An Land können Pinguine nur watscheln. Das sieht ziemlich unbeholfen aus. Trotzdem können sie auf diese Weise große Strecken zurücklegen. Wenn es zu steil zum Watscheln wird, legen sie sich auf den Bauch und rutschen bergab oder schieben sich mit den Füßen voran. Kaiserpinguine wandern bis zu 200 Kilometer über das gefrorene Eis zu ihren Brutplätzen.

2 Markiere wichtige Stellen im Text. Mache dir Notizen.

3 Erstelle eine Mindmap zum Thema.

→ SB S. 196

Winterzeit

1 Was könnte das Kind denken und sagen? Fülle die Denk- und Sprechblasen.

2 Was magst du am Winter? Was magst du nicht? Fülle die Tabelle aus.

→ SB S. 196

Wo man Geschenke verstecken kann

Im Keller hinter Kartoffelkisten,
im Schreibtisch zwischen ____________________,
in alten verstaubten ____________________,
in ausgelatschten Wanderschuhen,
auf Wohnzimmerschränken, in Blumenvasen,
ja, selbst in Bäuchen von flauschigen ____________________,
in Einzelsocken, ohne ____________________,
und eine Möglichkeit wäre noch,
das Geschenk unter die Matratze zu ____________________.
Das ist nicht so gut der Bequemlichkeit wegen.
Der Toilettenspülkasten eignet sich nicht,
denn welches Geschenk ist schon ____________________.
Ob sperrig, ob handlich, ob groß oder klein:
Geschenke verstecken muss einfach ____________________.
Das einzig Schwierige daran ____________________,
dass man das Versteck so leicht vergisst.

Regina Schwarz

sein
Computerlisten
Hasen
wasserdicht
ist
legen
Bauerntruhen
Loch

1 Unterstreiche in den vollständigen Versen jeweils das letzte Wort. Verwende dabei für jedes Wort eine andere Farbe.

2 Suche zu jedem unterstrichenen Wort das passende Reimwort und markiere es in derselben Farbe.

3 Setze die fehlenden Reimwörter ein.

4 Tragt euch das vollständige Gedicht gegenseitig ausdrucksstark vor.

5 Wo würdest du Geschenke verstecken? Dichte selbst.

____

____

____

____

→ SB S. 200/201

Neujahrswünsche

So schreibst du ein Wunschgedicht in Wunderkerzenform:

1. Sammle Wörter und Sätze, die deine Wünsche für das neue Jahr ausdrücken.
2. Deine Sätze könnten so beginnen:
   Was ich mir wünsche, ...
   Mein Wunsch für das neue Jahr ist, ...
   Ich wünsche mir ...
3. Schreibe auf die kurzen Zeilen Wörter, auf die langen Zeilen Sätze.

○ **1** Lies dir die Anleitung für das Wunschgedicht in Wunderkerzenform durch.

◒ **2** Erstelle ein Wunschgedicht.

◒ **3** Gestalte es und trage es vor.

→ SB S. 203

Narzissen und Schwalben

◒ **1** Lies den Text. Was fällt dir auf?

Es gibt Tausende Sorten Narzissen mit vielen verschiedenen Namen. Die Schwalben gehören zu den Sperlingsvögeln und leben fast überall auf der Erde. Eine bekannte Sorte ist die gelbe Narzisse. Sie wird bei uns oft Osterglocke genannt, weil sie ab März und somit auch immer zu Ostern blüht. Bei uns heimische Schwalben wie die Rauchschwalben sind Zugvögel, die im Herbst nach Afrika fliegen. Es gibt aber auch weiße oder orange Narzissen. Schwalben sind fast immer in der Luft und fangen ihre Nahrung, zu der Fliegen und Käfer gehören, im Flug. Die Osterglocke ist giftig. Die Rauchschwalben bauen ihre Nester aus Speichelklumpen und Lehm an Häusern und kehren in der Regel jedes Jahr zum Brüten dorthin zurück.

◒ **2** Markiere die Sätze zu den Narzissen und Schwalben unterschiedlich.

● **3** Schreibe einen der beiden Texte ab.

● **4** Kreuze die passenden Angaben an.

Welche Narzisse wird auch Osterglocke genannt?

weiße Narzisse ☐ N   gelbe Narzisse ☐ T   orange Narzisse ☐ P

Zu welchen Vögeln gehört die Schwalbe?

Sperlingsvögel ☐ U   Sperbervögel ☐ R   Spatzenvögel ☐ E

Wann beginnt die Osterglocke zu blühen?

März ☐ L   April ☐ I   Mai ☐ K

Was gehört nicht zur Nahrung der Schwalbe?

Käfer ☐ M   Mäuse ☐ P   Fliegen ☐ I

Was verwenden die Rauchschwalben nicht zum Nestbau?

Lehm ☐ A   Speichelklumpen ☐ O   Steine ☐ E

Die Lösungsbuchstaben ergeben einen anderen Frühblüher:

___ ___ ___ ___ ___.

→ SB S. 204

Schmetterlinge

Männchen

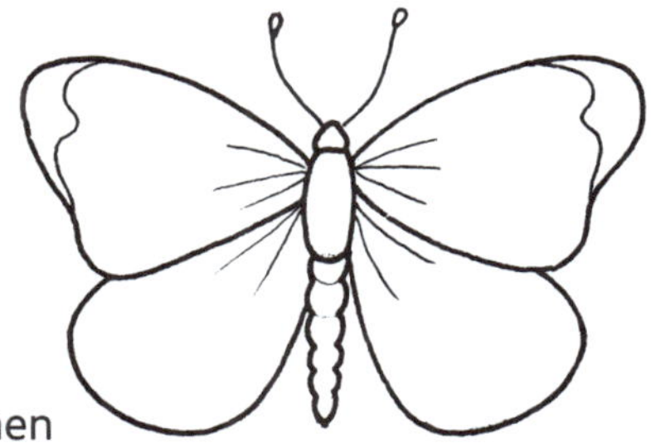

Männchen

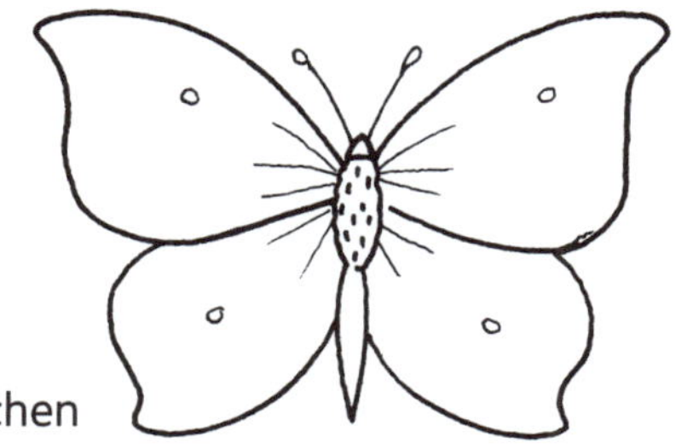

Weibchen

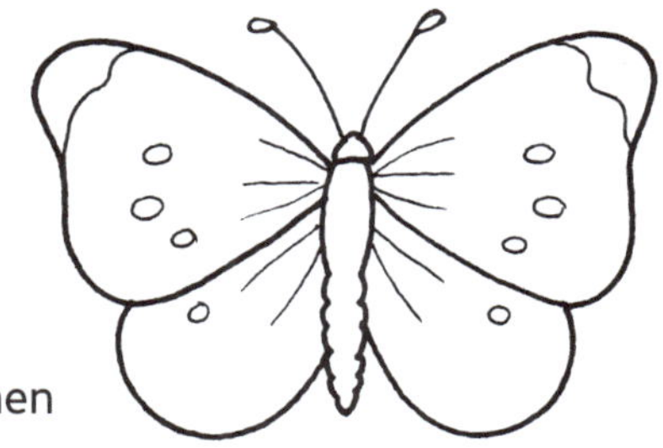

Weibchen

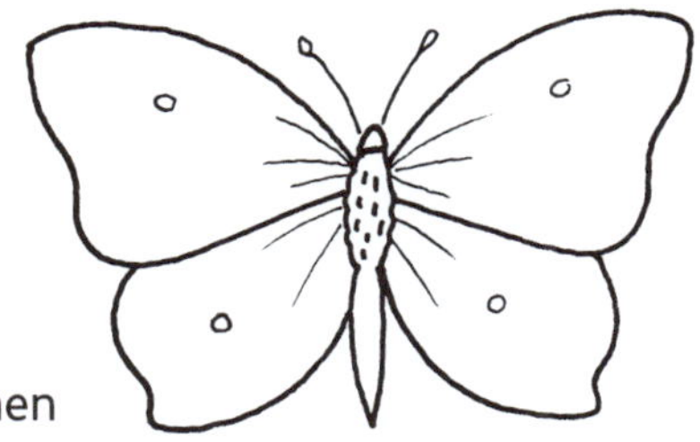

Der Große **Kohlweißling** hat weiße Flügel. Nur die Spitzen der Vorderflügel sind schwarz. Das Weibchen hat zusätzlich schwarze Punkte und am hinteren Rand der Vorderflügel einen Strich. Die Körper der Kohlweißlinge sind bräunlich.

Die Flügel der männlichen **Zitronenfalter** sind kräftig gelb gefärbt, die der Weibchen sind heller, fast weiß. Beide haben auf den vorderen und hinteren Flügeln je einen roten Punkt. Die Körper der Zitronenfalter sind grünlich.

1 Male die Schmetterlinge nach den Beschreibungen aus.

2 Suche Bilder der Schmetterlinge in Büchern oder im Internet. Vergleiche.

3 Lies den folgenden Sachtext. Unterstreiche Wichtiges.

Kohlweißlinge leben überall in Deutschland. Von Mai bis Juni legen die Weibchen etwa 100 bis 300 Eier an den Blattunterseiten von Pflanzen ab. Die Raupen sind grün-gelb längs gestreift. Sie fressen vor allem Kohl, aber auch Ackersenf und Kapuzinerkresse. Kohlweißlinge überwintern als Puppen.

4 Lege für den Kohlweißling einen Steckbrief an.

→ SB S. 205

Eine Gewittergeschichte

1 Schreibe die Geschichte weiter.

Schon seit vielen Tagen ist es heiß. Trotzdem haben sich Lotta und Maro auf den beschwerlichen Weg gemacht. Sie wollen an ihrem letzten Ferientag auf den Großen Beerberg wandern. Seit über einer Stunde geht es schon durch dichten Wald bergauf. Bald haben sie es geschafft. Da bleibt Lotta plötzlich stehen. „Hast du das Donnern auch gehört?“, fragt sie ihren Freund. ...

2 Gib deiner Geschichte eine Überschrift.

3 Überarbeitet eure Texte in einer Schreibkonferenz.

→ SB S. 212

Als die Julifee die Sommerwärme brachte

Der Juli war gekommen. Er hatte die Wärme mitgebracht, die Reife auf den Feldern und ... die Ferien. Ein bisschen träge summte er seine Melodie der Ruhe, denn er war ein ruhiger Monat, ein stiller und auch ein fauler. Für die gute Fee seiner Tage, die Julifee, gab es in dieser ruhigen, oft vor Hitze flirrenden Zeit dennoch viel zu tun.
„Wärme!“, rief sie. „Ich bringe sie dem Land. Mein Monat ist als Sonnenmonat bekannt. Jeder liebt die Sonne und die Wärme ihrer Strahlen. Die Menschen, Tiere, Blumen, Bäume. Ihnen allen bringe ich Wärme und bunte Sommerträume.“
Fröhlich sang die Julifee ihr Lied. Sie lag auf einer Wolke und sammelte Regentropfen auf.
In der Nacht hatte sie ein Gewitter übers Land geschickt, um die Schwüle zu verjagen. Nun winkte sie die Sonne herbei. Der Tag sollte wieder ein Sonnentag werden.
Gierig leckten und fraßen die Sonnenstrahlen die Regentropfenperlen vom Laub der Büsche und Bäume, von Wiesen, Straßen, Pfützen, Dächern, Parks und Gärten und schickten sie himmelwärts.
„Keine Bange“, rief die Julifee. „Der Juli ist ein Sommersonnenmonat und ich werde für Wärme sorgen.“

Elke Bräunling

1 Wie nennt die Julifee ihren Monat? Schreibe einen Satz auf.

____

2 Wer liebt die Sonnenstrahlen? Zähle auf.

____

3 Wie wird das Juliwetter beschrieben? Erkläre.

____

____

4 Finde im Text Wörter mit ähnlicher Bedeutung. Schreibe sie auf.

flimmern – ______________ feuchte Wärme – ______________

hinauf – ______________ Sorge – ______________

→ SB S. 214/215

Wörterliste

A

der Aal, die Aa|le
ab
der Abend, die Aben|de
abends
aber
der Ab|sen|der, die Ab|sen|der
die Ad|res|se, die Ad|res|sen
al|le
als
al|so
alt, äl|ter, am äl|tes|ten
am
die Amei|se, die Amei|sen
an
die Angst, die Ängs|te
ängst|lich, ängst|li|cher, am ängst|lichs|ten
ant|wor|ten, ant|wor|tet, ant|wor|te|ten
der Ap|fel, die Äp|fel
der April
ar|bei|ten, ar|bei|tet, ar|bei|te|ten
ar|gu|men|tie|ren, ar|gu|men|tiert, ar|gu|men|tier|ten
das Ar|gu|ment, die Ar|gu|men|te
der Arm, die Ar|me
der Arzt, die Ärz|te
die Ärz|tin, die Ärz|tin|nen
der Ast, die Äs|te
der As|tro|naut, die As|tro|nau|ten
auf
die Auf|ga|be, die Auf|ga|ben
das Au|ge, die Au|gen
der Au|gust
aus
au|ßer
das Au|to, die Au|tos
die Axt, die Äx|te

B

das Ba|by, die Ba|bys
ba|cken, bäckt (oder) backt, back|ten (oder) bu|ken
der Bä|cker, die Bä|cker
ba|den, ba|det, ba|de|ten
bald
der Ball, die Bäl|le
das Band, die Bän|der
die Bank, die Bän|ke
der Bär, die Bä|ren
der Bart, die Bär|te
der Bauch, die Bäu|che
der Baum, die Bäu|me
die Bee|re, die Bee|ren
be|gin|nen, be|ginnt, be|gan|nen
bei
das Bein, die Bei|ne
das Bei|spiel, die Bei|spie|le
der Berg, die Ber|ge
das Be|steck, die Be|ste|cke
be|tre|ten, be|trat, be|tra|ten
die Beu|te
be|vor
der Bi|ber, die Bi|ber
die Bie|ne, die Bie|nen
das Bild, die Bil|der
bis
bis|sig, bis|si|ger, am bis|sigs|ten
die Bir|ne, die Bir|nen
bit|ten, bit|tet, ba|ten, ge|be|ten
das Blatt, die Blät|ter
blau, blaue
blei|ben, bleibt, blie|ben
blit|zen, blitzt, blitz|ten
blü|hen, blüht, blüh|ten
die Blu|me, die Blu|men
die Blü|te, die Blü|ten
der Bo|den, die Bö|den
das Boot, die Boo|te
bö|se, bö|ser, am bö|ses|ten
bo|xen, boxt, box|ten
brau|chen, braucht, brauch|ten
braun, brau|ne
breit, brei|ter, am brei|tes|ten

bren|nen, brennt, brann|ten
der Brief, die Brie|fe
brin|gen, bringt, brach|ten
das Brot, die Bro|te
die Brü|cke, die Brü|cken
der Bru|der, die Brü|der
der Bub, die Bu|ben
das Buch, die Bü|cher
die Bü|che|rei, die Bü|che|rei|en
die Büch|se, die Büch|sen
bunt, bun|ter, am bun|tes|ten
die Burg, die Bur|gen

C

der Cent, die Cents, 20 Cent
der Christ, die Chris|ten
der Clown, die Clowns
der Com|pu|ter, die Com|pu|ter

D

da
der Dachs, die Dach|se
dan|ken, dankt, dank|ten
dann
das
de|cken, deckt, deck|ten
dein
dei|nem
dei|nen
dem
den
den|ken, denkt, dach|ten
der
des
der De|zem|ber
dich
dick, di|cker, am dicks|ten
die
der Dieb, die Die|be
der Diens|tag, die Diens|ta|ge
dies
die|sem
die|sen
das Ding, die Din|ge
dir
die Dis|kus|sion, die Dis|kus|sio|nen
dis|ku|tie|ren, dis|ku|tiert, dis|ku|tier|te
doch
der Don|ners|tag, die Don|ners|ta|ge
das Dorf, die Dör|fer
dort
die Do|se, die Do|sen
der Dra|che, die Dra|chen
drän|gen, drängt, dräng|ten
drau|ßen
dre|hen, dreht, dreh|ten
du
dumm, düm|mer, am dümms|ten
die Dumm|heit, die Dumm|hei|ten
dun|kel, dunk|ler, am dun|kels|ten
die Dun|kel|heit
durch
dür|fen, darf, durf|ten

E

ehr|lich, ehr|li|cher, am ehr|lichs|ten
das Ei, die Ei|er
die Ei|dech|se, die Ei|dech|sen
ein
ei|nem
ei|nen
das Eis
die El|tern
das En|de, die En|den
eng, en|ger, am engs|ten
der En|gel, die En|gel
ent|de|cken, ent|deckt, ent|deck|ten
die En|te, die En|ten
ent|wi|ckeln, ent|wi|ckelt, ent|wi|ckel|ten
er
die Er|de, die Er|den
er|lau|ben, er|laubt, er|laub|ten

er|schei|nen, er|scheint, er|schie|nen
er|schre|cken, er|schreckt,
er|schreck|ten
erst
er|zäh|len, er|zählt, er|zähl|ten
es
der Esel, die Esel
es|sen, isst, aßen
et|was
eu|er
die Eu|le, die Eu|len
eu|rem
eu|ren
der Eu|ro, die Eu|ros, 20 Eu|ro
das Ex|pe|ri|ment, die Ex|pe|ri|men|te
ex|tra

F

fah|ren, fährt, fuh|ren
das Fahr|rad, die Fahr|rä|der
fal|len, fällt, fie|len
die Fa|mi|lie, die Fa|mi|li|en
fan|gen, fängt, fin|gen
die Fan|ta|sie, die Fan|ta|si|en
der Fe|bru|ar
die Fe|der, die Fe|dern
die Fee, die Fe|en
fein, fei|ner, am feins|ten
das Feld, die Fel|der
das Fens|ter, die Fens|ter
die Fe|ri|en
das Fern|rohr, die Fern|roh|re
der Fern|se|her, die Fern|se|her
das Feu|er, die Feu|er
die Fi|gur, die Fi|gu|ren
fin|den, fin|det, fan|den, ge|fun|den
der Fin|ger, die Fin|ger
die Fins|ter|nis
der Fisch, die Fi|sche
die Fla|sche, die Fla|schen
der Fleiß
die Flie|ge, die Flie|gen
flie|gen, fliegt, flo|gen
flie|ßen, fließt, flos|sen
das Floß, die Flö|ße
der Fluss, die Flüs|se
fra|gen, fragt, frag|ten
die Frau, die Frau|en
der Frei|tag, die Frei|ta|ge
fremd, frem|der, am frem|des|ten
der Freund, die Freun|de
die Freun|din, die Freun|din|nen
die Freund|schaft, die Freund|schaf|ten
frisch, fri|scher, am fri|sches|ten
der Frosch, die Frö|sche
früh, frü|her, am frü|hes|ten
der Früh|ling, die Früh|lin|ge
früh|stü|cken, früh|stückt,
früh|stück|ten
der Fuchs, die Füch|se
füh|len, fühlt, fühl|ten
der Fül|ler, die Fül|ler
für
der Fuß, die Fü|ße
das Fut|ter
füt|tern, füt|tert, füt|ter|ten

G

die Ga|bel, die Ga|beln
ganz
gan|ze
gan|zem
gan|zen
der Gar|ten, die Gär|ten
ge|ben, gibt, ga|ben
der Ge|burts|tag, die Ge|burts|ta|ge
die Ge|fahr, die Ge|fah|ren
ge|fähr|lich, ge|fähr|li|cher,
am ge|fähr|lichs|ten
das Ge|fühl, die Ge|füh|le
ge|gen
ge|hen , geht, gin|gen, ge|gan|gen
ge|hö|ren, ge|hört, ge|hör|ten
gei|zig, gei|zi|ger, am gei|zigs|ten
gelb, gel|be

das Geld, die Gel|der
das Ge|mü|se
ge|nau
die Ge|ne|ra|ti|on, die Ge|ne|ra|tio|nen
ge|ra|de
gern
die Ge|schich|te, die Ge|schich|ten
das Ge|sicht, die Ge|sich|ter
ges|tern
ge|sund, ge|sün|der,
am ge|sün|des|ten
ge|sun|de
gie|ßen, gießt, gos|sen
glatt, glat|ter, am glat|tes|ten
die Glat|ze, die Glat|zen
gleich
die Glo|cke, die Glo|cken
das Glück
glück|lich, glück|li|cher,
am glück|lichs|ten
glü|hen, glüht, glüh|ten
das Gras, die Grä|ser
groß, grö|ßer, am größ|ten
grün, grü|ne
grü|ßen, grüßt, grüß|ten
die Gur|ke, die Gur|ken
gut, bes|ser, am bes|ten

H

das Haar, die Haa|re
ha|ben, hat, hat|ten
ha|cken, hackt, hack|ten
der Hahn, die Häh|ne
der Hals, die Häl|se
hal|ten, hält, hiel|ten
der Hai, die Haie
die Hand, die Hän|de
das Han|dy, die Han|dys
hän|gen, hängt, hin|gen
hart, här|ter, am här|tes|ten
der Ha|se, die Ha|sen
das Haus, die Häu|ser
die He|cke, die He|cken
heiß, hei|ßer, am hei|ßes|ten
hei|ßen, heißt, hie|ßen
hei|zen, heizt, heiz|ten
hel|fen, hilft, hal|fen, ge|hol|fen
her
der Herbst
das Herz, die Her|zen
heu|te
die He|xe, die He|xen
der Him|mel, die Him|mel
hier
hin
hin|ken, hinkt, hink|ten
hin|ter
hoch, hö|her, am höchs|ten
hof|fen, hofft, hoff|ten
ho|len, holt, hol|ten
der Ho|nig, die Ho|ni|ge
hö|ren, hört, hör|ten
die Ho|se, die Ho|sen
das Huhn, die Hüh|ner
die Hum|mel, die Hum|meln
der Hund, die Hun|de
hu|pen, hupt, hup|ten

I

ich
die Idee, die Ide|en
der Igel, die Igel
ihm
ihn
ih|nen
ihr
ih|re
ih|rem
ih|ren
im
der Im|ker, die Im|ker
im|mer
in
ins
das In|ter|net

das In|ter|view, die In|ter|views
in|ter|view|en, in|ter|viewt,
in|ter|view|ten

J

ja
das Jahr, die Jah|re
der Ja|nu|ar
je|de
je|dem
je|den
je|der
je|des
der Ju|li
der Jun|ge, die Jun|gen
der Ju|ni

K

der Kai|ser, die Kai|ser
der Kä|fer, die Kä|fer
der Kä|fig, die Kä|fi|ge
die Kan|ne, die Kan|nen
die Kat|ze, die Kat|zen
kau|fen, kauft, kauf|ten
kein
kei|nem
kei|nen
der Keks, die Kek|se
die Ker|ze, die Ker|zen
das Kind, die Kin|der
die Kis|te, die Kis|ten
die Klas|se, die Klas|sen
das Kleid, die Klei|der
klein, klei|ner, am kleins|ten
der Kof|fer, die Kof|fer
kom|men, kommt, ka|men
kön|nen, kann, konn|ten
der Kon|ti|nent, die Kon|ti|nen|te
der Kopf, die Köp|fe
der Korb, die Kör|be
die Kraft, die Kräf|te
kräf|tig, kräf|ti|ger, am kräf|tigs|ten
krank, krän|ker, am kränks|ten
krat|zen, kratzt, kratz|ten
das Kraut, die Kräu|ter
kra|xeln, kra|xelt, kra|xel|ten
das Kreuz, die Kreu|ze
kreu|zen, kreuzt, kreuz|ten
krie|chen, kriecht, kro|chen
die Kuh, die Kü|he
kurz, kür|zer, am kür|zes|ten
küs|sen, küsst, küss|ten

L

la|chen, lacht, lach|ten
der Lachs, die Lach|se
der Laib, die Lai|be
das Land, die Län|der
lang, län|ger, am längs|ten
las|sen, lässt, lie|ßen
die La|ter|ne, die La|ter|nen
lau|fen, läuft, lie|fen
laut, lau|ter, am lau|tes|ten
le|ben, lebt, leb|ten
le|gen, legt, leg|ten
der Leh|rer, die Leh|rer
leicht, leich|ter, am leich|tes|ten
lei|se, lei|ser, am lei|ses|ten
der Len|ker, die Len|ker
ler|nen, lernt, lern|ten
le|sen, liest, la|sen
leuch|ten, leuch|tet, leuch|te|ten
die Leu|te
das Le|xi|kon, die Le|xi|ka
das Licht, die Lich|ter
lieb, lie|ber, am liebs|ten
die Lie|be
lie|ben, liebt, lieb|ten
das Lied, die Lie|der
lie|gen, liegt, la|gen, ge|le|gen
links
das Loch, die Lö|cher
lo|cker, lo|cke|rer, am lo|ckers|ten
der Löf|fel, die Löf|fel

der Lö|we, die Lö|wen
der Luchs, die Luch|se
die Luft, die Lüf|te
lus|tig, lus|ti|ger, am lus|tigs|ten

M

ma|chen, macht, mach|ten
das Mäd|chen, die Mäd|chen
der Mai
ma|len, malt, mal|ten
der Mann, die Män|ner
das Mär|chen, die Mär|chen
der März
die Ma|schi|ne, die Ma|schi|nen
die Ma|trat|ze, die Ma|trat|zen
die Maus, die Mäu|se
das Me|di|um, die Me|di|en
das Meer, die Mee|re
mein
mei|nem
mei|nen
der Mensch, die Men|schen
mer|ken, merkt, merk|ten
das Mes|ser, die Mes|ser
mich
das Mi|kro|fon, die Mi|kro|fo|ne
die Milch
mir
mit
das Mit|tel|al|ter
der Mitt|woch, die Mitt|wo|che
mi|xen, mixt, mix|ten
der Mi|xer, die Mi|xer
möch|ten, möch|te, moch|ten
mö|gen, mag, moch|ten
die Möh|re, die Möh|ren
der Mond, die Mon|de
der Mon|tag, die Mon|ta|ge
das Moor, die Moo|re
das Moos, die Moo|se
mor|gen
der Müll
die Mu|sik
müs|sen, muss, muss|ten
die Müt|ze, die Müt|zen
die Mut|ter, die Müt|ter

N

nach
die Nacht, die Näch|te
die Na|del, die Na|deln
nä|hen, näht, näh|ten
der Na|me, die Na|men
die Na|se, die Na|sen
der Ne|bel, die Ne|bel
ne|ben
nein
neh|men, nimmt, nah|men
neu, neu|er, am neu|es|ten
nicht
nichts
nie
nie|mals
die Ni|xe, die Ni|xen
die No|tiz, die No|ti|zen
der No|vem|ber
nun
nur

O

ob
oben
ob|wohl
der Och|se, die Och|sen
oder
of|fen
oft
oh|ne
der Ok|to|ber
die Oma, die Omas
der On|kel, die On|kel
der Opa, die Opas
der Ord|ner, die Ord|ner
Os|tern

P

pa|cken, packt, pack|ten
das Pa|pier, die Pa|pie|re
die Pap|pe, die Pap|pen
par|ken, parkt, park|ten
der Part|ner, die Part|ner
das Pferd, die Pfer|de
die Pflan|ze, die Pflan|zen
das Pflas|ter, die Pflas|ter
die Pfüt|ze, die Pfüt|zen
der Pilz, die Pil|ze
der Pin|sel, die Pin|sel
die Piz|za, die Piz|zas oder die Piz|zen
der Pla|net, die Pla|ne|ten
das Plas|tik
der Platz, die Plät|ze
plötz|lich
die Pom|mes
das Po|ny, die Po|nys
die Prä|sen|ta|ti|on, die Prä|sen|ta|tio|nen
das Pro|jekt, die Pro|jek|te
der Pul|lo|ver, die Pul|lo|ver
put|zen, putzt, putz|ten

Qu

das Qua|drat, die Qua|dra|te
qua|ken, quakt, quak|ten
die Qual|le, die Qual|len
der Quatsch
die Quel|le, die Quel|len
quer
quie|ken, quiekt, quiek|ten

R

der Ra|be, die Ra|ben
das Rad, die Rä|der
der Raum, die Räu|me
die Rau|pe, die Rau|pen
rech|nen, rech|net, rech|ne|ten
re|den, re|det, re|de|ten
der Re|gen
reich, rei|cher, am reichs|ten
rei|ten, rei|tet, rit|ten
rei|sen, reist, reis|ten
rei|ßen, reißt, ris|sen
ren|nen, rennt, rann|ten
rie|chen, riecht, ro|chen
der Rie|se, die Rie|sen
der Ring, die Rin|ge
der Rit|ter, die Rit|ter
der Rock, die Rö|cke
rol|len, rollt, roll|ten
rot, ro|te
ru|fen, ruft, rie|fen
ru|hig, ru|hi|ger, am ru|higs|ten
rund, run|der, am run|des|ten

S

der Saal, die Sä|le
die Sa|che, die Sa|chen
der Saft, die Säf|te
sa|gen, sagt, sag|ten
das Salz, die Sal|ze
sam|meln, sam|melt, sam|mel|ten
der Sams|tag, die Sams|ta|ge
der Satz, die Sät|ze
das Schaf, die Scha|fe
der Schaum, die Schäu|me
schei|nen, scheint, schie|nen
schen|ken, schenkt, schenk|ten
die Sche|re, die Sche|ren
schie|ben, schiebt, scho|ben
schief, schie|fer, am schiefs|ten
der Schirm, die Schir|me
schla|fen, schläft, schlie|fen
die Schlan|ge, die Schlan|gen
schlecht, schlech|ter,
am schlech|tes|ten
schlei|chen, schleicht, schli|chen
schlie|ßen, schließt, schlos|sen
schlimm, schlim|mer,
am schlimms|ten
der Schlit|ten, die Schlit|ten
schme|cken, schmeckt, schmeck|ten
der Schmet|ter|ling, die Schmet|ter|lin|ge

die Schne|cke, die Schne|cken
der Schnee
schnei|den, schnei|det, schnit|ten
schnell, schnel|ler, am schnells|ten
schon
schön, schö|ner, am schöns|ten
der Schrank, die Schrän|ke
der Schreck, die Schre|cke
schrei|ben, schreibt, schrie|ben, ge|schrie|ben
schrei|en, schreit, schrien
der Schuh, die Schu|he
die Schu|le, die Schu|len
die Schul|ter, die Schul|tern
die Schüs|sel, die Schüs|seln
schüt|zen, schützt, schütz|ten
schwarz
schwer, schwe|rer, am schwers|ten
die Schwes|ter, die Schwes|tern
schwie|rig, schwie|ri|ger, am schwie|rigs|ten
schwim|men, schwimmt, schwam|men, ge|schwom|men
schwit|zen, schwitzt, schwitz|ten
sechs
der See, die Se|en
die See|le, die See|len
se|hen, sieht, sa|hen
sehr
die Sei|fe, die Sei|fen
sein, ich bin, du bist, er ist, sie sind, sie wa|ren
sein
sei|nem
sei|nen
seit
die Sei|te, die Sei|ten
sen|den, sen|det, sen|de|ten
der Sep|tem|ber
set|zen, setzt, setz|ten
sie
sie|ben
sie|gen, siegt, sieg|ten
sin|gen, singt, san|gen, ge|sun|gen
sit|zen, sitzt, sa|ßen, ge|ses|sen
die Skiz|ze, die Skiz|zen
so
die So|cke, die So|cken
so|fort
der Sohn, die Söh|ne
sol|len, soll, soll|ten
der Som|mer, die Som|mer
die Son|ne, die Son|nen
der Sonn|tag, die Sonn|ta|ge
so|zi|al, so|zia|ler, am so|zi|als|ten
die Spa|ghet|ti
spa|ren, spart, spar|ten
der Spaß, die Spä|ße
spät, spä|ter, am spä|tes|ten
der Spie|gel, die Spie|gel
das Spiel, die Spie|le
spie|len, spielt, spiel|ten
der Spit|zer, die Spit|zer
der Sport
spre|chen, spricht, spra|chen, ge|spro|chen
sprin|gen, springt, spran|gen, ge|sprun|gen
der Staat, die Staa|ten
die Stadt, die Städ|te
stark, stär|ker, am stärks|ten
ste|cken, steck|te, steck|ten
ste|hen, steht, stan|den
stei|gen, steigt, stie|gen
der Stein, die Stei|ne
stel|len, stellt, stell|ten
der Stern, die Ster|ne
der Stie|fel, die Stie|fel
der Stift, die Stif|te
still, stil|ler, am stills|ten
die Stim|me, die Stim|men
der Stock, die Stö|cke
die Stra|ße, die Stra|ßen
das Stück, die Stü|cke
der Stuhl, die Stüh|le

die Stun|de, die Stun|den
stür|zen, stürzt, stürz|ten
su|chen, sucht, such|ten
die Sup|pe, die Sup|pen
süß, sü|ßer, am sü|ßes|ten

T

der Tag, die Ta|ge
tan|ken, tankt, tank|ten
die Tan|te, die Tan|ten
tan|zen, tanzt, tanz|ten
die Ta|sche, die Ta|schen
die Tas|se, die Tas|sen
die Tat|ze, die Tat|zen
das Ta|xi, die Ta|xis
der Tee, die Tees
der Teig, die Tei|ge
das Te|le|fon, die Te|le|fo|ne
der Tel|ler, die Tel|ler
teu|er, teu|rer, am teu|ers|ten
der Text, die Tex|te
das The|ma, die The|men
tief, tie|fer, am tiefs|ten
das Tier, die Tie|re
der Ti|ger, die Ti|ger
die Tin|te, die Tin|ten
der Tisch, die Ti|sche
toll, tol|ler, am tolls|ten
die To|ma|te, die To|ma|ten
das Tor, die To|re
der Tou|ris|mus
die Tra|di|ti|on, die Tra|di|tio|nen
tra|gen, trägst, tru|gen
das Trai|ning, die Trai|nings
der Traum, die Träu|me
trei|ben, treibt, trie|ben
trin|ken, trinkt, tran|ken, ge|trun|ken
der Tüm|pel, die Tüm|pel
tun, tut, ta|ten
die Tür, die Tü|ren
tur|nen, turnt, turn|ten
das Tur|nier, die Tur|nie|re

U

üben, übt, üb|ten
über
die Über|ra|schung, die Über|ra|schun|gen
über|que|ren, über|quert, über|quer|ten
die Uhr, die Uh|ren
um
und
uns
un|se|rem
un|se|ren

V

die Va|se, die Va|sen
der Va|ter, die Vä|ter
ver|ges|sen, ver|gisst, ver|ga|ßen
der Ver|käu|fer, die Ver|käu|fer
ver|let|zen, ver|letzt, ver|letz|ten
ver|lie|ren, ver|liert, ver|lo|ren
ver|sen|gen, ver|sengt, ver|seng|ten
ver|sen|ken, ver|senkt, ver|senk|ten
ver|ste|cken, ver|steckt, ver|steck|ten
ver|sto|ßen, ver|stößt, ver|stieß
der Ver|trag, die Ver|trä|ge
ver|wandt
viel, mehr, am meis|ten
vie|le
viel|leicht
vier
das Vi|rus oder der Vi|rus, die Vi|ren
der Vo|gel, die Vö|gel
voll
vom
von
vor

W

wach|sen, wächst, wuch|sen
wa|gen, wagt, wag|ten
der Wa|gen, die Wa|gen
die Wahl, die Wah|len
wäh|len, wählt, wähl|ten
wahr

wäh|rend
der Wald, die Wäl|der
wann
warm, wär|mer, am wärms|ten
war|ten, war|tet, war|te|ten
wa|rum
was
das Was|ser
wäss|rig, wäss|ri|ger, am wäss|rigs|ten
der Weg, die We|ge
Weih|nach|ten
weil
wei|nen, weint, wein|ten
weit, wei|ter, am wei|tes|ten
wel|che
wel|chem
wel|chen
die Wel|le, die Wel|len
das Welt|all
wem
wen
we|nig, we|ni|ger, am we|nigs|ten
wenn
wer
wer|den, wird, wur|den, ge|wor|den
wer|fen, wirft, war|fen, ge|wor|fen
das Wet|ter
wie
wie|der
die Wie|ge, die Wie|gen
die Wie|se, die Wie|sen
das Wie|sel, die Wie|sel
der Wind, die Win|de
win|ken, winkt, wink|ten, ge|winkt (oder) ge|wun|ken
der Win|ter, die Win|ter
wip|pen, wippt, wipp|ten
wir
wis|sen, weiß, wuss|ten
der Witz, die Wit|ze
wo
die Wo|che, die Wo|chen
wo|her
wo|hin
woh|nen, wohnt, wohn|ten
der Wolf, die Wöl|fe
die Wol|ke, die Wol|ken
wol|len, will, woll|ten
das Wort, die Wör|ter
wün|schen, wünscht, wünsch|ten
die Wurst, die Würs|te
die Wur|zel, die Wur|zeln

Z

za|ckig, za|cki|ger, am za|ckigs|ten
die Zahl, die Zah|len
zah|len, zahlt, zahl|ten
zäh|len, zählt, zähl|ten
der Zahn, die Zäh|ne
die Zan|ge, die Zan|gen
der Zeh, die Ze|hen
zehn
zei|gen, zeigt, zeig|ten
die Zeit, die Zei|ten
die Zeit|schrift, die Zeit|schrif|ten
die Zei|tung, die Zei|tun|gen
zer|stö|ren, zer|stört, zer|stör|ten
die Zie|ge, die Zie|gen
zie|hen, zieht, zo|gen
das Ziel, die Zie|le
zie|len, zielt, ziel|ten
das Zim|mer, die Zim|mer
die Zi|tro|ne, die Zi|tro|nen
der Zoo, die Zoos
zu
der Zu|cker
zu|letzt
zum
zur
zu|rück
zu|sam|men
zwei
der Zwerg, die Zwer|ge
die Zwie|bel, die Zwie|beln

Quellennachweis

Text:
60 Kirsten Boie: Der kleine Ritter Trenk. Verlag Friedrich Oetinger GmbH, Hamburg 2006; **61** Kirsten Boie: Der kleine Ritter Trenk. Verlag Friedrich Oetinger GmbH, Hamburg 2006; **66** Hirschmann, Kai: Spielanleitung „Genial daneben". Aus: https://www.helles-koepfchen.de/artikel/894.html (Zugriff: 18.10.2021); **76** Vera Ferra Mikura: Regenschirme. Aus: Gelberg, Hans-Joachim (Hrsg.): Die Stadt der Kinder. dtv, München 1972 © Georg Bitter Verlag 1969; **80** Regina Schwarz: Wo man Geschenke verstecken kann. Aus: Hans-Joachim Gelberg (Hrsg.): Großer Ozean. Beltz & Gelberg 2006; **85** Elke Bräunling: Als die Julifee die Sommerwärme brachte. Aus: https://www.elkeskindergeschichten.de/2013/07/10/als-die-julifee-die-sommerwarme-brachte/(Zugriff: 18.10.2021)

Abbildungen:
A: Ablang, Friederike, Berlin **64.12**; Burghart-Vollhardt, Martina, Kamenz **15.1**; **16.1**; **29.1**; **34.1**; **34.2**; **35.2**; **35.5**; **64.13**; **68.1**; **73.1**; Fröhlich, Anke, Leipzig **3.1**; **3.5**; **9.2**; **10.1**; **11.1**; **11.2**; **11.3**; **11.4**; **11.5**; **11.6**; **11.7**; **11.8**; **12.1**; **14.1**; **14.2**; **18.2**; **24.1**; **24.2**; **24.3**; **24.4**; **24.5**; **24.7**; **24.8**; **27.1**; **28.1**; **30.1**; **35.3**; **35.4**; **40.1**; **41.4**; **44.1**; **46.1**; **53.2**; **56.1**; **59.6**; **60.1**; **64.1**; **64.2**; **64.4**; **64.6**; **64.8**; **64.10**; **65.2**; **69.1**; **71.2**; **77.1**; **78.2**; **79.1**; **79.2**; **79.3**; **79.4**; **79.5**; **79.6**; **82.1**; **83.5**; **84.1**; **84.2**; Graupner, Sylvia, Dresden; **19.1**; Greune, Mascha, München **35.6**; Herold, Heike, Köln **18.1**; **25.1**; **39.1**; **48.1**; **49.1**; **49.2**; **49.3**; **49.4**; **49.5**; **49.6**; **49.7**; Hesselbarth, Susann, Leipzig **24.6**; Kurze, Cleo-Petra, Berlin **45.1**; **51.1**; **55.2**; **65.1**; **67.1**; **83.1**; Mauritius Images, Mittenwald (Andreas Vitting) **59.5**; Nicolai, Axel, Sönnebüll **64.14**; Oser, Liliane, Hamburg **35.1**; Reich, Bettina, Zwenkau/Leipzig **13.1**; **13.2**; **13.3**; **13.4**; **13.5**; **13.6**; stock.adobe.com, Dublin (dieter76) **59.4**; stock.adobe.com, Dublin (Eberhard) **59.3**; stock.adobe.com, Dublin (fottoo) **59.2**; stock.adobe.com, Dublin (sehbaer_nrw) **59.1**; stock.adobe.com, Dublin (Silver) **78.1**; Vogel-Jaich, Anja, Berlin **4.1**; **4.2**; **5.1**; **6.1**; **7.1**; **7.2**; **9.1**; **13.7**; **14.3**; **17.1**; **20.1**; **20.2**; **20.3**; **31.1**; **31.2**; **33.1**; **33.2**; **33.3**; **36.1**; **37.1**; **41.1**; **42.1**; **43.1**; **47.1**; **52.1**; **54.1**; **55.1**; **58.1**; **61.1**; **70.1**; **70.2**; **71.1**; **72.1**; **76.1**; **80.1**; **81.1**; **85.1.**
A-B: Fröhlich, Anke, Leipzig **1.1**; **8.1**; **8.2**; **8.3.**
L: Burghart-Vollhardt, Martina, Kamenz **21.6**; **21.7**; Fröhlich, Anke, Leipzig **1.1**; **3.1**; **3.4**; **3.6**; **5.1**; **5.4**; **5.5**; **5.6**; **7.1**; **7.2**; **7.3**; **8.2**; **8.3**; **8.4**; **9.1**; **9.2**; **13.2**; **13.3**; **15.1**; **19.1**; **19.2**; **21.1**; **21.3**; **21.4**; **21.5**; **28.1**; **28.2**; Hesselbarth, Susann, Leipzig **3.3**; Hochmann, Carmen, Gütersloh **13.4**; Mair, Jörg, München **32.1**; Oser, Liliane, Hamburg **3.2**; **5.8**; **13.1**; **21.2.**
Einleger S. 1: Satzstern. Nach: Deutsche Montessori-Vereinigung e.V. (Hrsg. 2012): Montessori-Material: Sprache in Kinderhaus und Schule. Verbindliches Handbuch für Lehrgangsteilnehmer. © Deutsche Montessori-Vereinigung e.V.

A = Arbeitsheft
A-B = Arbeitsheft Beilage Fachbegriffe
L = Lernwörterheft

Die Reihenfolge und Nummerierung der Bild- und Textquellen im Quellennachweis erfolgt automatisch und entspricht u. U. nicht der Nummerierung der Bild- und Textquellen im Werk. Die automatische Vergabe der Positionsnummern erfolgt in der Regel von links oben nach rechts unten, ausgehend von der linken oberen Ecke der Abbildung.